IO SPERIAMO CHE ME LA CAVO

Sessanta temi di bambini napoletani

a cura di Marcello D'Orta,
maestro elementare

ARNOLDO MONDADORI EDITORE

© 1990 Arnoldo Mondadori Editore S.p.A., Milano

I edizione Ingrandimenti febbraio 1990
I edizione Bestsellers Oscar Mondadori ottobre 1994

ISBN 88-04-38866-8

Questo volume è stato stampato
presso Arnoldo Mondadori Editore S.p.A.
Stabilimento Nuova Stampa - Cles (TN)
Stampato in Italia. Printed in Italy

Ristampe:

3 4 5 6 7 8 9 10 11 12

1995 1996 1997 1998 1999

Bestsellers

Io speriamo che me la cavo

Quanti temi avrò letto nei miei dieci e più anni come maestro elementare in un sobborgo napoletano? Non lo so, ne ho perso il conto. Ma non il ricordo perché ordinati o disordinati, tristi, giocosi e persino polemici, tutti mi hanno sempre detto e a volte dato qualcosa. Tanto che alcuni li ho conservati e ora ho voluto raccoglierne una sessantina tra i più ameni e sorprendenti. Credo che valga la pena di conoscerli. Colorati, vitalissimi, spesso prodigiosamente sgrammaticati e scoppiettanti di humour involontario, di primo acchito possono far pensare a una travolgente antologia di «perle». Ma, per chi sa guardare, sotto c'è qualcosa di diverso e di più. Una saggezza e una rassegnazione antica, un'allegria scanzonata e struggente nel suo candore sottoproletario, una cronaca quotidiana ilare e spietata che sfocia in uno spaccato inquietante delle condizioni del nostro Sud. Qualcosa che invita a pensare e che difficilmente un serioso tomo di sociologia potrebbe darci con tanta immediatezza. I temi, come dicevo, non sono molti. E c'è un perché. Napoli è una città che induce anche troppo facilmente all'oleografia e a un certo «eduardismo», e trasformare ogni bambino povero in uno sciuscià o in un Gavroche è un gioco che può allettare. Così ho fatto il possibile per non cadere nella trappola scartando, sia pure con rammarico, i componimenti che si prestavano a queste interpretazioni e tagliando draconianamente i brani che mi parevano «sospetti». Invece sono intervenuto solo molto raramente per sbrogliare qualche frase che, in versione originale, sarebbe apparsa a dir poco ermetica. E in ogni caso non ho agito mai sul contenuto, per mantenere intatta la freschezza, l'originalità e, diciamolo pure, la profondità del messaggio che scaturisce da queste piccole, straordinarie menti di bimbi.

Marcello D'Orta

Racconta brevemente il film
che ti è piaciuto di più

Il film brevemente che mi è piaciuto di più l'ho visto proprio ieri, e si chiamava «Odissea». Ora io ve lo racconto.

C'era una volta Ulisse, che aveva incendiato la città di Troia. Lui aveva usato lo stratagemma del cavallo legnoso, e così uccise tutti. Allora la guerra era finì, e lui doveva ritornarsene a casa.

Casa sua si chiamava «A Itaca».

Allora si mise in viaggio, e viaggiava, viaggiava, viaggiava sempre. Ora lui, d'ora in poi, passò tanti di quei guai, ma tanti di quei guai, che furono mille guai! Il primo guaio che passò fu Polifemo. Era una grotta grandissima, con un pettine grandissimo, un asciugacapelli grandissimo, un pezzo di formaggio grandissimo, un letto grandissimo. Entra Polifemo, un mostro gigante con un occhio solo. Lanciò un urlo grandissimo, poi vede ai compagni di Ulisse e se li mangiava. Ma nessuno voleva morire. Volevano vivere un altro po'. Uno gridava: «Polifemo, non mi mangiare, mangiati a quell'altro!», ma Polifemo proprio a lui se lo voleva inghiottire: l'aveva visto bene che era grassottello!

Allora Ulisse gli faceva bevere un vino stordito, e Polifemo cadeva dal sogno. Zitti zitti gli ammarrarono[1] l'occhio, e se ne fuggono. Allora il gigante gridava, ma nessuno lo sentiva, e alla fine pure lo sentirono gli altri mostri, e gli dicevano: «Chi ti ha scavato quell'occhio?», e Polifemo diceva «nessuno» e gli altri dicevano allora sei scemo.

E così Ulisse fuggì. Ma ci fu un altro guaio. Certe sirene mezze pesce e mezze donne cantavano, cantavano una bella canzona. E Ulisse ci fa mettere due tappi di sughero di butteglia nelle orecchie ai suoi amici, ma lui non se li fa mettere, e quando quei mezzi pesci cantano, lui si vorrebbe buttare nel mare, ma è legato, e nessuno se ne fotte di lui.

Poi alla fine lo libberano, ma subbito passa un altro guaio. Lui incontrò il dio dei venti, che gli diede un sacchetto con i venti, ma i compagni aprono il sacchetto e la nave se ne va sotto sopra. Allora sbarcano dalla maga Circe, che è un altro guaio. La maga come li vede li trasforma in porci, però no a Ulisse; Ulisse è più forte e non vuol diventare porco. Così libbera i suoi amici e saluta la maga Circe.

[1] Acciaccarono l'occhio.

Più tardi muoiono tutti, però Ulisse è ancora vivo. Torna a casa, torna, ma un angelo lo fa diventare vecchio come un vecchio, e gli dice di non dire niente chi è lui. Ma il cane Argo se ne accorge, e dopo trecento anni che l'aspettava muore.

Torna a casa, torna, dice tutto al figlio che non mi ricordo come si chiama. Il figlio è furbo, dice: «Oipà, non ti preoccupare, ora li scanniamo come i piecori!».

Allora si preparò un bel tranello, una specie di trabbocchetto. Era un arco duro, che nessuno sapeva far funzionare. Allora tutti i Porci tentavano, facevano i buffoni, facevano i guappi, si sparavano le pose![2] Ma nessuno ce la fece. Allora viene Ulisse, e tutti ridevano, lo chiamavano moscio moscio, ma lui ce la fa, e tutti corrono dalla paura, e Ulisse diventa giovane e duro, e le porte sono tutte chiuse, e Ulisse e il figlio uccidevano coi colpi in testa.

Alla fine lavarono il pavimento di sangue con una specie di varrecchina, e se ne andarono a dormire.

[2] Si davano delle arie.

Il maestro ha parlato della Svizzera.
Sapresti riassumere i punti salienti
della sua spiegazione?

La Svizzera è un picolo paese dell'Europa che si afacia sulla Svizzera, l'Italia, la Germania, la Svizzera e l'Austria. A molti laghi e molte montagnie, ma il mare non bagnia la Svizzera, e soprattutta Berna.

La Svizzera vende le armi a tutto il mondo per falli scannare ma lei non fà neanche una guerra picolissima.

Con quei soldi costruisce le banche. Ma non le bance buone, le banche dei *cattivi*, specialmente i drogati. I delinguenti della Sicilia e della Cina mettono lì i soldi, i miliardi. La polizia và, dice di chi sono questi soldi, non lo so, non telo dico, sono cazzi miei, la banca è chiusa.

Ma non era chiusa! Aperta, era!!

La Svizzera, se a Napoli tieni il tumore, a Napoli muori, ma se vai a Svizzera muori più tardi, oppure

vivi. Perché le clinica sono bellissima, il tappeto, i fiori, le scale pulite, neanche una zoccola.[1] Però si paga molto, se non fai il contrabbando non ci puoi andare.

Va bene lungo così, il tema?

[1] Zoccola = topo di fogna.

Cavour, Garibaldi, Mazzini: quali tra questi personaggi del nostro Risorgimento preferisci, e perché?

Io preferisco Garibardi perché è l'eroe dei due mondi, e così ora l'Italia non ha più vergogna di andare in America.

Garibardi io lo so quello che fece. Lui partì da Quarto al Volturno, ma no Quarto vicino a Napoli, una Quarto più lontana.

Fece come se fosse il giro d'Italia, fino a che non arrivò a Marsala. A Marsala trovò i borboni di Napoli e delle due Sicilie, e li sconfisse.

Erano 1000.

Si chiamavano I GARIBARDINI.

Erano 1000.

Essi vestivano tutti di rosso, come il Liverpul.

Poi salirono, salirono in Calabria. A Calabria incontrarono altri borboni di Napoli. E li sconfissero. E salirono ancora. Sali, sali, sali, arrivarono a Napoli, proprio dove stavano tutti i borboni di Napoli.

Come lo videro, fuggirono, fuggirono chi a Gaeta, chi a Ischia, chi a Frattamaggiore. Il re chiamò in aiuto i guappi della guapparia, ma i guappi come uscirono dalla galera, a Garibardi lo facevano entrare meglio di prima, e intanto fecero i guappi più guappi di prima.

Quando Garibardi divenne re d'Italia, ai 1000 li fece diventare: a chi principe, a chi cavaliere, a chi onorevole. A quelli che avevano sparato male non so che li fece diventare, forse facchini.

L'8 Marzo è la festa della donna.
Parla della condizione femminile

Io penzo (e credo) che la donna deve essere uguale a l'uomo, perché non è giusto che non è uguale. L'8 Marzo la donna deve essere uguale, all'uomo!

In quel giorno tutti gli uomini portano le mimose alle donne, e anche agli altri uomini, però io conosco un uomo che l'8 Marzo a una donna gli diede un calcio. Melo ha raccontato mio patre.

Mio patre porta i tram adesso, ma una volta faceva il pompiere. Allora accadde che una donna dell'8 Marzo si voleva buttare giù dal tetto, e chiamarono i pompieri. Mio patre era quello che saliva sulle case per non fare gettare la gente dai palazzi. Lui salì, e quando si trovò faccia a faccia con la pazza gli disse: «Ma tu perché ti vuoi buttare per farci passare un guaio a noi?».

Allora quella un poco ci penzò ancora se si voleva buttare o ritornare nel salotto, e penzò di buttarsi. Ma anche mio patre si buttò su di lei e la prese.

Quando scesero giù, un amico di mio patre, che era pompiere (ma giù) diede un calcio alla pazza per la paura che s'era preso.

Io se ero quel signore il calcio non glielo davo quel giorno ch'era l'8 Marzo, un altro giorno sì.

Quale, fra le tante parabole di Gesù, preferisci? - 1

Quale fra le tante parabole di Gesù preferisci? Quale fra le tante parabole di Gesù preferisci? Io preferisco quella del ricco Epulone.

Cera una volta un ricco Epulone. Egli era grasso, grassissimo, per poco non crepava. Egli mangiava, mangiava, mangiava sempre. Come si svegliava due o tre cappuccini e un Kinder, a mezzogiorno non ne parliamo: pollo, carne, patatine fritte. Mangiava con le mani, tanto dalla fame. Alla sera si scatenava un'altra volta, però se avanzava qualcose del mezzogiorno se la riscaldava.

Il ricco Epulone beveva pure, ma senza cannuccia, per fare più presto, perché aveva un appuntamento urgente.

Lui aveva un servo, che si chiamava Lazzaro, ma non era quello che Gesù aveva risuscitato, era un'altro Lazzaro, più secco di quell'altro.

Questo Lazzaro era secchissimo, addosso teneva solo un metro quadro di carne.

Egli abitava sotto alla tavola del ricco Epulone. E mentre il ricco Epulone si ingrassava, lui diventava sempre più secco.

Certe volte il ricco Epulone, se aveva mal di denti non mangiava tutto, e le briciole le dava a certi cani che avevano la casa vicino alla casa di Lazzaro. Se anche i cani avevano mal di denti o di testa, glieli lasciavano a lui.

Ma era troppo poco, e Lazzaro morì, e dalla fame andò in Paradiso. Un giorno anche il ricco Epulone morì, e andò all'Inferno.

All'Inferno tutti lo sfottevano che era grasso, lo chiamavano puorcio. Lui si offese. Poi aveva tanta sete, ma nessuno gliela dava. E alla fine diventò lui più secco di Lazzaro.

Quale, fra le tante parabole di Gesù, preferisci? - 2

A me la parabbola che mi e piaciuta di piu e stata quella di lazzaro, lazzaro era un amico di Gesù, certe volte erano usciti insieme a fare la spesa. Un giorno pero Lazzaro ebbe una brutta malattia della pelle, e essendo che in quel paese lospedale piu vicino stava a Roma, nel frattempo morì. Allora tutta la famiglia piangevano, erano molto tristi. Dicevano ma guarda che guaio.

Il giorno dopo lo misero nella tomba e lo chiudevano con una pietra che neanche Ulk[1] l'avesse potesse tolta. Un giorno la moglie incontra Gesù bambino e gli dice il tuo vechio amico lazzaro e morto, se puoi venire mi faresti un favore. Allora Gesù calmo calmo và al cimitero. Come lo vedono tutti lo seguono, e ognuno gli diceva Gesù a me e morto il fratello, Gesù a me e morta la mamma,

[1] L'incredibile Hulk, il forzuto del serial televisivo.

Gesù a me e morto il frato-cuggino,[2] ma Gesù a uno solo poteva salvare: i morti erano troppi!

Allora lanciò un grido fortissimo e diceva lazzaro vieni fuori, e lazzaro veniva. Ma faceva paura, era una mummia, camminava come uno Zombi, pero era vivo, e anche se teneva le fascie sulla bocca sorrideva dalla felicità. Gesù lo abbracciò e gli disse: Lazzaro, per cuesta volta ti perdono, ma la prossima volta non morire più.

Allora Giuda vite cuesto e lo ando a tradire.

---

[2] Letteralmente «fratello-cugino». Nella provincia di Napoli il cugino di sangue è quasi paragonabile a un fratello.

Quale, fra le tante parabole di Gesù, preferisci? - 3

Io preferisco la fine del mondo, perché non ho paura, in quanto che sarò già morto da un secolo.

Dio separerà le capre dai pastori, uno a destra e uno a sinistra, a centro quelli che andranno in Purgatorio.

Saranno più di mille miliardi, più dei cinesi, fra capre, pastori e mucche. Ma Dio avrà tre porte. Una grandissima (che è l'Inferno), una media (che è il Purgatorio) e una strettissima (che è il Paradiso). Poi Dio dirà: «Fate silenzio tutti!» e poi li dividerà. A uno quà a un altro là. Qualcuno che vuole fare il furbo vuole mettersi di quà, ma Dio lo vede. Le capre diranno che non hanno fatto niente di male, ma mentiscono. Il mondo scoppierà, le stelle scoppieranno, il cielo scoppierà, Arzano si farà in mille pezzi. Il sindaco di Arzano e l'assessore andranno in mezzo alle capre. Ci sarà una confusione terribile, Marte scoppierà, le anime andranno e torneranno dalla terra per prendere il corpo, il sindaco di Arzano e l'assessore andranno in mezzo alle capre. I buoni rideranno e i cattivi piangeranno, quelli del purgatorio un po ridono e un po piangono. I bambini del Limbo diventeranno farfalle.

Io speriamo che me la cavo.

Come hai trascorso l'estate?

L'estate lo trascorsa quest'estate, al mare, a Posilleco.

Mi sono divertito un sacco, al mare. C'era la sabbia, la rena, e il mare, a Pusilleco. Noi ci siamo affittati un'ombrellone, una seggia sdraio e la cabbina. Mia sorella veniva già col costume sotto, quell'altra sotto invece non teneva niente.

Io portavo sempre le formette, le palle, il tamburello, i birilli giganti. Veramente a palla non si poteva giocare, ma a me che me ne fotte? io ci giocavo lo stesso!

A mare facevamo i cavalloni, gli spruzzi, gli sputi, i capitomboli, il morto. Facevamo le telline, sulla spiaggia!

Quando io correvo sulla spiaggia tutta la rena andava in faccia ai signori che dormivano, e quelli gridavano. Ma a me che me ne fotte? io correvo!

Quando giocavo acchiapparella con Totore, lui cadeva sempre, e io gli gridavo: «Strunz, sì carut[1]!», ed ero felice.

Poi l'estate finì, e io sto sempre a Mugnano.

[1] Sei caduto!

In famiglia all'ora di pranzo

In famiglia all'ora di pranzo ne siamo troppi, e allora mamma mette una tavulella aspartata,[1] dove mangio io e mia sorella. Noi in famiglia ne siamo troppi, stiamo stretti a tavola, allora mia madre allunga la tavola che si allunga, e non stiamo più stretti.

Noi siamo felici quando mangiamo. Quando viene mio zio che fa il carabbiniere, vuole sempre che io mi lavo le mani, prima di mangiare, ma io faccio finta di andare nel bagnio, perché mi sfotto di lavarmi le mani!

In famiglia all'ora di pranzo ecco quello che si mangia: fasuli, brodo di purpo, purpo, aulive e chiapparielli, zuppa di carnacotta, raù, vermicielli aglio e uoglio, suffritto, pisielli, ova, pasta crisciuta, carcioffoli, murtadella, friarielli, purpette, saciccie,

[1] In disparte.

panzarotti e zeppulelle, pizze, puparuoli, sangue di puorco, puorco, cachissi, purtualli, cevese e crisommole.

A tavola mia si beve pure. Ecco quello che si beve: Gragnano frizzante, gazzosa, Telese, chinotto, Coca-cola, birra e idrolitina.

Quando viene la domenica papà porta le paste. Ecco le paste che si mangiano a tavola mia: babbà, sciù, sciù a cioccolatto e a crema, pastiera, millefoglie, zeppole di san Giuseppe, zuppetta, cannoli alla siciliana, deliziosa, sfogliatelle, struffoli e roccocò.

Ora voglio dire che non è che mangiamo tutte queste cose in un solo giorno, ma in un anno.

A Natale quando vengono i nonni e tutti i parienti, a tavola tutti non ci capiamo, allora mamma allunga la tavola che si allunga, mette una tavulella aspartata per me e mia sorella, e mette un'altre due tavulelle aspartate, per i vecchi.

Quando io dico la poesia di Natale non si capisce mai niente, ma qualcosa pure si capisce, e perciò papà e zio mettono mano alla tasca.

A Natale a casa mia bevono come i puorci.

Narra la passeggiata che ti è piaciuta di più

La passeggiata che mi è piaciuta di più è stata domenica scorsa, che sono andato allo scasso.[1]

Il giorno prima mio zio mi aveva detto: «Se stasera farai il buono, domani ti porterò allo scasso».

Io allora ho fatto subbito il buono, e zio mi ha portato allo scasso.

Allo scasso è bellissimo. Dovunque ti giri, scasso. Le macchine stanno una sopra all'altra, una sotto all'altra, formano delle montagne, e sembra di stare all'Alledenlandia.[2]

Mio zio cercava una marmitta un po' consumata, anche un po' ammaccata, non tanto nuova, basta che buttava fumo. Prima di entrare mi ha detto: «Salvatò, vedrai che affare faremo! A tuo zio

---

[1] Al cimitero delle auto.
[2] Edenlandia, un grande parco giochi di Fuorigrotta.

nisciuno 'o fa fesso! Ancora adda nascere chi fa fesso a tuo zio!».

Però, non appena siamo entrati, un cane nero con un collare tutto punte, ci ha corso incontro, e io stavo morendo dalla paura. Allora è venuto il padrone (che sembrava un cane pure lui) e gli ha gridato: «Liò, vattenne!», e Lione per fortuna se ne gliuto.

Mentre mio zio cercava la marmitta io ero felice.

C'erano un sacco di macchine ammaccate, i fari senza luce, i volanti fermi, le gomme moscie, le pozzanghere, le portiere aperte, le targhe senza targa; un'automobile stava dentro a un fosso e un bambino ci pisciava sopra.

Io quando divento grande farò l'uomo dello scasso.

Poi zio è tornato senza marmitta in mano, e il cane e il padrone gli abbaiavano contro, e lui era tutto arrabbiato, e io ho capito che non aveva fatto l'affare.

Quando ho raccontato tutto a papà, papà mi ha risposto che i cafoni di Benevento fanno tutti una brutta fine, e allora ho saputo dove era nato zio.

Qual è l'animale che preferisci?

Io, l'animale che io preferisco, è il porco!

Il porco è un maiale che vive nel porcile, è sporco, si gira e si rigira nel fango e nelle schifezze, si fa il solletico da solo. Al porco gli piace, il letame!

La sua famiglia è composta dal cinghiale che ringhia e dall'ippippotamo. Io quando guardo l'ippippotamo rido.

Per il maiale l'inverno è una brutta stagione. A Gennaio, quando è diventato ben grasso, suona la sua ultima ora. Lui è come se sentisse una voce nell'aria che gli dice: «Ti vogliono scannare! ti vogliono scannare!», e allora punta i piedi a terra come gli asini, e cerca di non farsi scannare. Però l'uomo viene lo stesso, e lo trascina, lo batte, gli storzella[1] la coda, e alla fine lo uccide. Dopo che lo ha ucciso, neanche è contento! Lo taglia in mille

[1] Torce.

parti, e lo trasforma in salciccie, prociutto, lardo, còtena, soprassata, piede di porco, sanguinaccio, strutto, persino spazzolino da denti.

A me per questo l'animale che preferisco è lui, il porco, perché da lui si ricava tutto!

In quale epoca vorresti vivere?

Io vorrei vivere all'età della pietra, per buttare mazzate.

Infatti a quel tempo si facevano molte lotte. Se tu appartenevi ad una tribù e un altro apparteneva a un'altra tribù, e si incontravano in mezzo alla strada, allora, come si guardavano in faccia, si colpivano.

L'arma di quel tempo era la clava, e chi non ce l'aveva era morto perché senza clava non ci si poteva difendere. Chi non teneva la clava si difendeva coi calci, i pugni, le capate, gli sputi. Ma alla fine moriva lo stesso.

Al tempo della pietra i vulcani eruttavano sempre, la terra tremava, gli animali anche se erano sazi si mangiavano tra loro, ed era sempre cattivo tempo.

Non si trovava pace all'epoca primitiva. In famiglia si litigava sempre, ed erano tutti sporchi. Non si lavavano. Non si pettinavano. Non si facevano la barba. Neppure le donne.

Un bambino, appena nasceva, già era un uomo primitivo.

Non c'erano riscaldamenti, non si sapeva come passare il tempo libero, e allora si facevano gli spiringuacchi[1] sui muri. Se un animale feroce entrava nella caverna, subito lo riempivano di mazzate, e se lo mangiavano anche se era feroce.

Quando d'estate faceva caldo, la notte entravano in casa certe zanzare preistoriche grandissime, e non facevano dormire, e l'uomo bestemmiava.

A me mi piace l'età della pietra, perché fecero molte scoperte e invenzioni. Si inventò la ruota senza raggi, la clava, l'età del bronzo, la palafitta sull'acqua, l'aratro rudimentale, la selce scheggiata. L'uomo a quel tempo incominciava ad essere intelligente, però somigliava ancora alle scimmie.

Quando finirono di somigliare alle scimmie diventarono Egiziani, ma questo è un altro capitolo.

E questo è il tema.

[1] Scarabocchi.

È l'onomastico del babbo ed egli è lontano.
Scrivigli ciò che ti detta il cuore

Caro papà, oggi è il tuo onomastico, e io ti scrivo ciò che mi detta il cuore.

Caro papà, tu eri disoccupato, perciò sei andato a Torino! perché eri disoccupato! Tu a Torino non ci volevi andare, mi ricordo; dicevi che quella gente non ci poteva vedere, che il clima era una schifezza, la lingua una schifezza, il mangiare una schifezza, che tutti i torinesi erano una schifezza. Tu non ci volevi andare a Torino, mi ricordo, ma ci sei dovuto andare per forza. Poi ci hai scritto che non tutti erano una schifezza lassù, che due o tre pure si salvavano! Meno male, papà, così ora stiamo più sereni.

Oggi è il tuo onomastico, e io ti scrivo ciò che mi detta il cuore. Tu eri disoccupato, papà, perciò sei andato a Torino.

Ti voglio raccontare qualcosa che è successo in questi giorni. Ieri stavo solo con nonna, quando hanno bussato alla porta. Erano i Testimoni di

Genova. Io non li volevo far entrare, pensando che Genova sta vicino a Torino, ma nonna ha aperto lei la porta, e quelli sono entrati. Allora si sono seduti e hanno aperto una specie di valiggetta, tirando fuori un sacco di libricini. Nonna allora li voleva cacciare, ma quelli parlavano sempre essi, e ogni tanto alzavano li occhi al cielo come se stessero per morire. Nonna allora li voleva cacciare un'altra volta, ma quelli parlavano, parlavano, parlavano sempre essi! Finalmente si sono alzati e se ne sono andati, ma prima ci hanno dato dei giornaletti e nonna gli ha dato mille lire.

Papà, se c'eri tu quelli la mille lire non l'avevano, perché tu non la tenevi!

Caro papà, oggi è il tuo onomastico, e io ti scrivo ciò che mi detta il cuore. Io ti vorrei vicino a me, qui a casa non si capisce niente, mamma e Taniello si appiccicano[1] sempre e le galline se ne scappano sotto al tavolo. Io dico sempre: beato a te che stai a Torino!

[1] Litigano.

Mio nonno mi parla di quando era ragazzo

Mio nonno è ancora vivo, si chiama Ciruzzo, ed è ancora vivo.

Lui ci parla spesso di quanto era ragazzo. Quanto noi stiamo a tavola lui ci dice che quanto era ragazzo lui non mangiava, perché non c'era niente da mettere sulla tavola, mentre che invece noi siamo nati col mazzo, che qualcosa a tavola c'è sempre.

Mio nonno ci parla pure della miseria nera dei tempi suoi, delle scarpe che non teneva, delle mani pieni di calli, del fuculare, dei centesimi e della guerra. Lui mi fa pena quanto ci racconta questa vita sua!

E quanto andiamo all'Euromercato o al GS, lui ci dice che non si vedevano tutte quelle cose al tempo suo! A casa sua non si mangiava mai, erano tutti affamati, perché non c'era niente da mettere sulla tavola. Poi venne il bombardamento e si ruppe pure la tavola.

Questo tema parla di quanto mio nonno era ragazzo. Quanto mio nonno era ragazzo, faticava come un ciuccio per portare la pagnotta a casa, e andava pure a scuola. A scuola per darti un dieci non era come adesso, che subbito si danno, a quel tempo, per darti un dieci, ti tiravano le streppe da canno![1]

Poi dovette pure lasciare la scuola perché il carcere era scuro,[2] e la famiglia non teneva le rendite spase al sole;[3] allora fece il garzone di panettiere, e così tirarono a campare.

Lui poi quanto diventò grande una tavola se la comprò, e riuscì a mangiare; però lui non ha dimenticato la sua triste vita, e quando è arrabbiato, invece di dire «mannaccia la morte» dice «mannaccia la vita», e io capisco che vuol morire.

E questo è il tema di mio nonno.

---

[1] Ti facevano fare una fatica tremenda.
[2] C'era molta miseria.
[3] Non viveva di rendita.

Fai la presentazione di tuo padre

Mio padre fa il cartunaio, va a prendere i cartoni alla notte. Qualche volta l'accompagno anch'io, e andiamo col furgoncino.

Mio padre non so quanti hanni ha, però non è troppo vecchio: un poco è anche giovane!

Lui di mattina fa un altro mestiere, e poi si arritira il pomeriggio; dorme un po', magnia, e poi esce la notte a fare i cartoni.

Mio padre non è tanto vecchio, però è zelluso, tiene il mellone in testa.[1]

La domenica ci porta alla messa, e ci vuole bene. Noi nella piazza giochiamo cogli altri bambini, poi lui compra il cartoccio delle paste.

Mio padre è molto povero, i cartoni non bastano, perciò si appiccica sempre con mia madre.

A Pasqua lui porta a casa il piecoro per scan-

---

[1] È calvo, non ha un pelo in testa.

narlo, ma esso ci fa sempre pena, e alla fine lo
regaliamo sempre. E così lui si appiccica un'altra
volta con mia madre che gli dice: «Ma che cazzo o
puort a fa ogn'anno stu piecoro comm a te, si po
nun tien mai o curaggio do scannà?! Io t'scannass'io
a te!».

Quale mestiere vorresti fare da grande?

Io, il mestiere che io vorrei fare da grande, non è uno solo, ma tanti. Vorrei fare il saldatore, lo stagnino, l'ambulante. Mio padre è lui che fa tutte queste cose, per questo io voglio fare questi mestieri!

Io però non so bene il mestiere che io vorrei fare da grande. Certe volte quando mio padre guadagna bei soldini, io li vorrei fare quei mestieri, altre volte, quando bestemmia il patreterno che non trase una lira, allora non li vorrei fare.

Quando Giovanni mi sfotte vorrei fare il boia. Io sono sicuro che se farei il boia riuscirei bene.

Un altro mestiere che mi piacerebbe fare è l'oste. L'oste è felice, io lo vedo che lui è felice! Un oste abbita dirimpetto alla mia casa, e fischia sempre.

Mia madre dice che qualunque cosa voglio fare da grande, devo prima pensare a studiare. Che se non piglio almeno la licenza elementare, neppure lo scupatore posso fare; però io a uno scupatore che stava nel mio vico glielò chiesto lui che teneva, e quello mi ha risposto: «Guagliò, fatti i cazzi tuoi!».

A me non mi interessa io che mestiere farò da grande, basta che guadagno. Mio padre dice che senza i pisielli[1] non si fa niente nella vita, e quando dice questo si guarda con una faccia schifata davanti allo specchio, e io capisco che sta là là per sputarsi in faccia, e mi fa pena...

[1] Soldi.

Descrivi la tua casa

La mia casa è tutta sgarrupata,[1] i soffitti sono sgarrupati, i mobili sgarrupati, le sedie sgarrupate, il
pavimento sgarrupato, i muri sgarrupati, il bagnio
sgarrupato. Però ci viviamo lo stesso, perché è casa
mia, e soldi non cene stanno.

Mia madre dice che il Terzo Mondo non tiene
neanche la casa sgarrupata, e perciò non ci dobbiamo lagniare: il Terzo Mondo è molto più terzo di
noi!

Ora che ci penso, a casa mia non c'è male come
viviamo a casa mia! In un letto dorme tutta la famiglia, e ci diamo i cavici[2] sotto le lenzuola del letto, e
così ridiamo. Se viene un ospite e vuole dormire
pure lui, noi lo cacciamo di casa, perché posto non
cene stà più nel letto: è tutto esaurito!

[1] Cadente.
[2] Calci.

Noi mangiamo una schifezza, ci sputiamo in faccia l'uno con l'altro a chi deve mangiare, e vestiamo con le pezze dietro. Io sono il più pulito di tutti, perché riesco a entrare nella bagnarola.

Ieri habbiamo messo il campanello nuovo.

Quando i miei amici mi vengono a trovare, ridono sempre della casa mia tutta scassata, però poi alla fine ci giocano sempre con le mie galline!

Io voglio bene alla mia casa sgarrupata, mi ti ci sono affezzionato, mi sento sgarrupato anch'io!

Se però vincerò la schedina dei miliardi, mi comprerò una casa tutta nuova, e quella sgarrupata la regalerò a Pasquale.

Qual è il personaggio storico che preferisci?

Il personaggio storico che preferisco è Caligola, perché era pazzo. Caligola mi è troppo simpatico per le sue pazzie! Lui nominò senatore il suo cavallo, lui si mangiò il figlio per fare come Saturno, lui schierò l'esercito in riva al mare e poi disse che era tutto uno scherzo, perché il nemico se l'era inventato, lui volle essere adorato come un dio.

Un altro personaggio storico che preferisco è la testa di Giovanni Battista. Giovanni Battista non era pazzo come Caligola, però un poco scemo, perché gridava nel deserto dove nessuno poteva ascoltarlo. Lui digiunava sempre, poi, la domenica, mangiava bacche, radici e insetti. Quando gli tagliarono la testa la misero in un piatto spiano.

Ora io vorrei dire una cosa che non c'entra col tema. Ci sta un altro personaggio che mi è molto simpatico, però non è un personaggio storico, però lo voglio dire lo stesso, perché sempre un personaggio è...! È Benino o Benito,[1] quel pastore che si mette sul presepe. Io mi è simpaticissimo Benito, perché dorme sempre, e non gliene importa niente di tutto quello che succede intorno.

Quello mi sembra il personaggio più felice di tutti i personaggi storici!

---

[1] Benito: un pastorello addormentato, figura classica del presepe napoletano.

Il paese o la città in cui vivi

Si chiama Arzano. A Arzano sono tutti sporchi, non si lavano; le strade sono tutte sgarrupate, i palazzi vecchi e terremotati, c'è solo munnizzia e siringhe drogate! Tommaso si butta nei bidoni della munnizzia, poi viene a scuola e ci porta i pirucchi.[1] A casa sua nessuno si lava. Cianno un cane tutto sporco che cammina per le stanze.

A Arzano non c'è niente di nuovo, è tutto vecchio. Non c'è verde, non ci sono fontanine, i palazzi se ne cadono fraciti.

A Arzano ci sono un sacco di vicoli, che li chiamano vie, ma sono vicoli, io me ne accorgo. C'è via Petrarca che è un vicolo, via Dante che è un vicolo, via Pascoli che è un vicolo. Sono tutti vicoli.

Quando viene la domenica mio padre dice che cazzo ci facciamo in questo paese fetente, andiamo-

[1] Pidocchi.

cene perlomeno a Napoli! E così ci vestiamo e andiamo a Napoli. Andiamo al bosco di Capodimonte. Facciamo marenna![2]

Poi però quando torniamo stiamo un'altra volta a Arzano. Certi giovani fuori i bar stanno tutti spaparanzati: sono dei banditi! Quelli si pensano che Arzano è tutta loro! Io dico: e tenetevela pure questa città di vicoli e di munnizzia!

[2] Merenda.

Una visita al Camposanto

Quando sono andato al Camposanto ero triste.

Prima di partire per Puceriale[1] ridevo sempre, a casa giocavo. Ma era il giorno dei morti, e mio padre mi aveva detto che io dovevo essere triste, perché era il giorno dei morti, e allora io l'ho fatto contento e sono diventato triste.

Al Camposanto non è proprio come un cimitero: certa gente che si incontra, pure è allegra. Io ho visto un sacco di persone che non piangevano; uno fischiava pure.

Nel Camposanto tutti morti. Si cammina in mezzo ai morti. Le strade hanno tutti nomi di morti, o che devono ancora morire.

Però il nostro morto non si trovava. Era una tomba che papà non si ricordava più che tomba era.

[1] Poggioreale.

Noi abbiamo girato tutto il Camposanto, ma la tomba non usciva.

Io tenevo sempre sete, ma papà mi diceva che fino a quando il morto non usciva io non bevevo.

Lui sotto il sole diceva le cattive parole di rabbia, ma alla fine la tomba uscì. Era una piccola tomba che si scentevano un sacco di scale, e io stavo pure catento. C'era la nonna in quella tomba, e io volevo piangere. Ma non mi veniva, perché io la nonna non l'ho conosciuta mai (papà sì, però).

All'uscita io gli ho detto che non voglio morire mai, ma lui ha risposto che, prima o poi, tutti quanti dobbiamo morire.

Io ora vorrei dire soltanto una cosa: prima di morire io, deve prima morire Giovanni!

Descrivi la tua scuola

La mia scuola è vecchia, scassata, pieni di buchi nei muri. Le aule sono sporche, senza lavagna, coi banchetti tutti rotti. Se si aprono i tiretti delle cattedre escono i ragni. I gabinetti sono tutti rotti, la cannola non botta,[1] i gabinetti puzzano.

I bidelli non fanno niente dalla mattina alla sera, il direttore è uno scemo che non sa comandare. Egli ha paura delle mamme che sono vaiasse[2] e dei bidelli, che sono tutti delinquenti.

Nella mia scuola comanda il custode. Il custode è una specie di bandito, e tutti quanti tremano davanti a lui. Il mio maestro lo schifa.

Io a me mi sembrano mille anni che me ne vado da questa scuola. I bambini sono scustumati, pisciano nel lavandino, appilano[3] i gabinetti.

La mia scuola è un Inferno. Essa si chiama Scuola elementare «Niccolò Tommaseo».

---

[1] Il rubinetto non dà acqua. – [2] Megere, sguaiate. – [3] Ingorgano.

La pioggia è benefica, però...

La pioggia è benefica, perché fà parte del ciclo dell'acqua. Il mare bolle sotto i raggi del sole, e poi evaqua, e si trasforma in nuvole che si trasformano in pioggia. Quando piove tutta l'aria è più fresca, gli alberi sono più freschi, la terra più fresca, il mare più fresco, le strade più fresche. Anche noi ci sentiamo più freschi, a volte freddi.

D'estate la pioggia è benefica. Tutta la natura ha sete, e se non piove mai ha ancora più sete; ma poi viene, essa, e la natura si libbera dal caldo. I contadini alzano la zappa all'aria e ridono felici, e dicono l'acqua! l'acqua viene! Anche la moglie ride, ma senza zappa.

Quando viene l'inverno la pioggia è benefica all'Africa, dove è sempre Agosto, ma a Arzano non è benefica: è malefica!

Ora vi spiego perché è malefica.

Quando piove, a Arzano, si allaga tutta Arzano.

Le strade diventano fiumi, mari, cascate, fontane, e nessuno può circolare più.

Una macchina che entra a Arzano che piove, va a fondo.

Le saittelle[1] zompano per l'aria e bollono d'acqua, i topi fuggono da essa.

A casa mia quando a Arzano piove, piove ancora di più. A casa mia ci sono due Arzano. Scorre da tutte le parti, e io non posso studiare: i libri si inzuppano. Quando andiamo al gabinetto, e a Arzano piove, è meglio che al gabinetto non ci andiamo, se a Arzano piove! Infatti, se stiamo seduti sul gabinetto, è meglio che facciamo solo l'atto piccolo così ci scorre solo un mezzo litro di acqua in testa, ma se facciamo atto grande (e specialmente mio padre, che si porta il giornale appresso) allora ci scorrono dieci litri d'acqua in testa!

Quando la pioggia è finita, tutta la casa sa di muffa. Tutta la famiglia sa di muffa: puzziamo d'acqua! Mia madre con una specie di secchio raccoglie tutta l'acqua dalle stanze, mio padre guarda i muri fraciti, mia nonna la fanno togliere davanti ai piedi. Io allora me ne esco, perché sono tutti pazzi dalla nervatura, e mi possono picchiare per senza niente.

Per questo certe volte non studio perché piove.

[1] Tombini.

Il fenomeno della droga

Io ho solo dieci anni, ma già da quattro-cinque anni conosco il fenomeno della droga. Già quando andavo all'asilo mia mamma mi diceva non accettare mai caramelle drogate da nessuno, neanche se te le offre la maestra o il direttore. Una volta però la mia maestra me la offrì una, e io mi dimenticai che era drogata, e me la mangiai lo stesso, ma stavo bene.

La droga è un veleno che uccide tutti, anche i vecchi, ma più i giovani; è una cosa molto dolce, come lo zucchero, ma non proprio. Essa prima ti rende felice, poi diventi scemo. Nei tuoi occhi vedi tante farfalle, colori, arcobaleni, e vuoi volare. Poi finisce tutto e vedi solo Arzano.

Per avere un grammo di droga bisogna spendere dieci milioni, ma i drogati sono tutti poveri, e allora rubbano, scassano, buttano i mobbili per l'aria per vedere se ci sono soldi nascosti dal padre dietro ai móbbili, fanno gli scippi, uccidono il padre e la madre.

Io lo conosco un drogato, ma non posso dire il nome, anche Giovanni lo conosce, e se vuole dire lui il nome è meglio. Questo drogato abbita difronte a casa mia, e quando scende la mattina non è drogato, ha gli occhi normali, e mi saluta. Poi la sera si va a drogare vicino al Campo Sportivo, dove la luce è rotta. Lì si fa la siringa insieme a Quagliariello e a Masone, e quando torna a casa cammina come uno Zombi.

A me mi fanno pena i drogati, ma ho paura. Però una volta tenevo cinquecento lire in tasca, e li buttai a un drogato che dormiva a terra, e poi me ne scappai. Io ai drogati certe volte glieli dò i soldi, ma ai zingari no. A me gli zingari mi fanno più paura!

In giro per le vie della città...

In giro per le vie della città è meglio che non vado in giro. Infatti io non abito proprio a Arzano ma a Casavatore, che è un paese che stà vicino. A Arzano c'è la nonna e io abito con lei, ma poi più tardi vado sempre a Casavatore, che è un paese che stà vicino.

A Casavatore c'è sempre la guerra. Pure la domenica. Si ammazzano come si vedono. Se uno stà per morire a terra prima di morire a quello che l'ha ucciso gli tira un coltello pure da terra!

Quando io sono costretto a uscire a Casavatore ho paura. Certe strade sono buie. Certe strade sono nere. A Casavatore si ammazzano per ogni fesseria. Un vigile che deve fischiare a uno che passa col rosso fà finta che non lo vede. Se lo vede lo ammazzano. Quel vigile è mio zio.

A Casavatore non è come a Napoli. Non c'è il

mare, però se uno vuole fare quattro passi a Casavatore e vedere il mare, può andare a Napoli.

Ci sono negozzi, bar, pizzerie, la chiesa, i giardinetti, le perzone. C'è una bella fontanina e tutti i bambini bevono, e io pure. Questa fontanina stà difronte a casa mia.

Quando piove a Casavatore la gente esce con l'ombrello nuovo.

A Casavatore io vado in giro per la città quando c'è la festa della Madonna di Casavatore, e viene la banda.

Quando viene l'estate si suda molto a Casavatore, e la gente non esce per le strade; se non suda più esce.

Io d'estate non vado in giro per la città, vado alla colonia.

Milano, Roma, Napoli, sono le tre città
più importanti d'Italia.
Ricordi le loro caratteristiche?

Milano, Roma, Napoli, sono le tre città più importanti d'Italia. Ricordi le loro caratteristiche? Sì.

Incominciamo da Milano, che è la più alta.
Milano è la capitale della Lombardia. Essa come il
Piemonte non ha il mare, però ha le montagne.
Milano è la città più ricca e grande d'Italia: lì si
comanda a tutte le industrie d'Italia. Tutte le industrie stanno tutte a Milano, anche il libro, *Leggere*
in V. A Milano la gente è tutta ricca, uno è più ricco
di un altro, non esistono i poveri. Un povero che
chiede la carità a Milano, non è di Milano, è di
Foggia.

Le persone non si guardano tanto in faccia a
Milano, un vicino di casa è come fosse un lontano di
casa!

Se vai a faccia a terra a Milano e a Bergamo
nessuno ti alza: ti lasciano sulla via, soprattutto a
Bergamo alta. A Napoli invece ti alzano.

A Milano c'è sempre la neve, il freddo, la nebbia, l'umidità; i panni spasi non si asciugano mai, solo a Ferragosto!

E ora voglio parlare di Roma.

A Roma sono tutti buffoni. La Roma per una volta che ha vinto lo scudetto, sono sempre buffoni. Però sono anche un poco simpatici. Essi ci chiamano «cugini».

Roma è la capitale del Lazio e la capitale d'Italia. A Roma c'è lo Stato e c'è pure il Papa, e comandano tutti e due, però il papa a tutto il mondo. Il papa non è venuto mai a Napoli per paura che gli chiedono i soldi.

Roma è piena di monumenti, Milano no, uno solo. A Roma ci sono le rovine di Roma. Nerone non la incendiò, ce lo ha detto il nostro maestro. Roma è grandissima, però è pura sporca.

E ora voglio parlare di Napoli.

Io una volta ci sono andato a Napoli. Era pulita. Però forse non ho visto bene. A Napoli ci sono tutti i ladri, mariuoli, assassini e drogati. Il mare è una latrina. Vendono le cozze usate. Un bambino di Arzano se si sperde lo sequestrano. Se viene un terremoto di un minutino le case subito si sfracellano. I disoccupati sono un milione e mezzo. Ci sono venti figli in una stessa casa. Nel traffico suonano come i pazzi. C'è la camorra nel Duomo.

Io di tutte e tre le città non me ne vorrei andare a vivere in nessuna di tutte e tre le città.

Vi racconto un sogno

Io non mi ricordo se sogno tutte le notti, però mi ricordo che: quando faccio brutti sogni mi sogno la scuola oppure che cado dalla montagna del paese, e quando faccio bei sogni non sogno la scuola e non cado dalla montagna del paese.

Certe volte mi sogno anche il mio compleanno oppure che cambio casa.

Mille volte sogno che cambio casa, ma una volta che ve lo racconto, cambiai casa e pure paese.

Io mi sognai che ce ne andavamo a Frattamaggiore. Giù al nostro palazzo era venuto il camion del trasporto, e il masto[1] gridava: «Scnnit, scnnit! Facit ampress a purtà stà robba abbasc, ca io aggia fà natu caric!».[2] Io ero felice dalla felicità che me ne andavo finalmente dalla mia casa, tanto che era vec-

---

[1] Padrone.
[2] «Scendete, scendete! Fate presto a portar giù questa roba che devo fare un altro carico.»

chia! Allora per fare più presto mi sono messo sulle spalle tutto il mobbilio, e scendevo piano piano le scale. Il mobbilio era pesantissimo, e mio padre mi voleva agliutare, ma io volevo fare tutto da solo. Giù al palazzo i facchini mi volevano agliutare, ma io volevo fare tutto da solo. Io tenevo la forza di un mostro!

Poi è scesa tutta la famiglia e ci siamo messi tutti sul camion, io stavo indietro, seduto sulla tavola. Quando siamo partiti tutto il vico ci salutava: Pecorella, Tanino, Papela, Facciatagliata, i Coloniali, il Tabbaccaio, Gioie dei Piccoli, Michele, il Girarrosto, il Salumeria, dalla puteca[3] di Ernestino. Io salutavo tutti con una pezza che avevo trovato e ero felice. Poi a un tratto la casa sené caduta come nu piezzo fracito e abbiamo fatto a tiempo a tiempo a non morire.

A Frattamaggiore non avevo forza e il mobbilio l'ha preso il masto mentre che io salivo le scale, e io ero un pò stanco. Le scale non finivano mai e io ero ancora più stanco. Ma poi pure sono finite, e sono entrato nella porta aperta. C'era un Sole e una luce grandissima, le stanze erano grandissime e altissime, i pavimenti tutti sani: neanche una gallina!

Io pensavo di stare in Cielo.

Poi mia madre ha aperto una finestra che non

[3] Bottega.

finiva mai e si è affacciata: *c'era il mare!* Io vedevo tutto il mare, che non finiva mai, mi sembrava tutto il mare del mondo, le barche, le navi, il mare...

Quando però stavo per vedere un'altra cosa, è finito il sogno, e stavo ancora qui.

Si approssima l'inverno...

Quando si approssima l'inverno io capisco che l'estate è proprio finita. Fino a quando non si approssimava, le giornate al mare non mi sembravano tanto lontane, ma quando l'inverno bussa alle porte allora le mie vacanze mi sembrano molto lontane.

L'aria è cambiata, non fa più caldo, la gente mette i panni lunghi, incomincia ad aprire l'ombrello anche se non piove. Certa gente mette il cappotto e la pelliccia di animale anche se non fa freddo. Però un poco lo fa!

Quando si approssima l'inverno non è tanto bello, perché uno non sa come vestirsi, oppure se deve andare al cinema o no. Uno si domanda sempre se conviene fare una passeggiata fuori o se è meglio che la fa dentro. Le giornate in queste giornate si accorciano, il sole si accorcia. I telegiornali incominciano a parlare delle sciagure del maltempo, soprattutto a Milano e a Torino. A Napoli il maltempo è solo un poco mal.

Per i ricchi l'inverno non è un guaio mentre per i poveri sì. A Cardito c'è una famiglia poverissima, che quando viene l'inverno la casa si spugna[1] e i figli non hanno come vestirsi per l'inverno, e quei figli sono dodici figli! La signorina dell'Associazione Cattolica del mio palazzo (Enzo, tu la conosci) fa sempre la raccolta dei soldi e glieli dà.

A Arzano quando fa la grandine le baracche vicino al Cimitero si fanno tutti buchi e le famiglie non sanno cosa fare. Poi quando viene Agosto diventano di fuoco, perché non sono baracche di legno ma come fosse stagno.

A casa mia teniamo i termosifoni e non ci moriamo dal freddo, e non ci scorre in testa, anche quando 'ncasa la mano.[2] Mio padre infatti lavora alla Sip.

---

[1] Diventa tutta umida.
[2] Quando piove improvvisamente più forte.

Racconta come hai trascorso
le vacanze di Natale

Io non vedevo l'ora che arrivavano le feste di Natale, non cela facevo più. Avevo studiato troppo, anche se non andavo tanto bene lo stesso a scuola, e non cela facevo più che finiva la scuola e incominciavano le feste di Natale.

A Natale era bellissimo, la cosa più bella del mondo, io vorrei che non finisse mai Natale, tanto che è bello.

Il giorno prima era arrivato Michele che fa il carabbiniere a Milano e lo conosce tutto il vico da quando era piccirillo. Lui è salito e mamma scendeva. Poi è sceso pure mio padre, e pure il nonno e tutti lo abbracciavano per mezzo alle scale. Michele piangeva, mia madre piangeva, mio padre rideva. Io pure lo volevo abbracciare, ma tutti quanti in mezzo alle scale non ci capavamo.[1]

[1] Non ci stavamo.

Poi lui è salito, e tutti sono saliti e io pure sono salito, anche se non ero sceso tanto. Michele ha detto che lui non a ucciso mai a nessuno ma che a LUI lo stavano uccidendo!! Allora mamma a detto miché nun c' pnsà mò, piens sol a t' ripusà. E Michele sé ripusato.

A tavola della vigilia c'era più di un ristorante a casa mia! A casa mia quanto è Natale mangiamo più di un ristorante, Alfonso lo sa, eh?

Michele mangiava, mangiava, e quanto mangiava diceva ogni tanto alla faccia di quello che mi voleva uccidere, e mamma diceva miché mò nun c' pnsà, magn! E Michele magnava.

Poi o detto la poesia di Natale e o avuto una sbattuta di mana, ma soldi niente. A casa mia sono tutti tirati, pure a Natale. Io allora pensavo che quanto leggerebbero la letterina di Natale qualcosa ci usciva, ma sono tirati pure con le letterine!

Poi è venuto Capodanno. Michele faceva il buffone, faceva il buffone lui, perché spara sempre, e le botte[2] le voleva usare solo lui. A comprato dieci chili di botte: erano trictracchi, bengali, botte, zeppole, bombe, fuia-fuia, e quanto lui sparava quei chili metteva accoppa[3] a tutte le altre botte del vico.

A dimenticavo che ci siamo mangiati il capitone.

Alla Befana Michele non cera più però prima che

[2] Botti, petardi.
[3] Superava.

non cera più mi a detto che la Befana non esiste, che è mamma e papà, io gli dicevo miché 'o saccio a trentanni!

La Befana mi a portato il telecomando e i penne-relli, e niente più, perché sono tirati.

Hai mai avuto un'esperienza di lavoro?
Se sì, racconta le tue impressioni

Un'esperienza di lavoro io l'ho, perché vado a lavorare nell'officina meccanica dietro la scuola. Alla mattina vado a scuola e al pomeriggio vado alla fatica. Mi danno trentamila lire alla settimana, più le mazzette se me le abbusco.[1] Non c'è male come ho i soldi, perché conosco uno che fatica come me e abbusca solo ventimila lire. A me mi piace fare il ragazzo del meccanico, da grande mi aprirò pure io un'officina. Io già da ora vorrei mettere le mani nel motore, perché lo conosco abbastantemente, ma non me lo fanno fare ancora, perché ho solo dodici anni, e lo fa solo il padrone.

In officina pulisco a terra e sistemo i pezzi oppure vado a fare i servizi fuori, come comprare i pezzi di ricambio. Certe volte il padrone mi manda a comprare dei pezzi davanti al cliente, e dice forte forte

[1] Le mance se me le guadagno.

per farsi sentire: «Vai dall'autoricambi», ma invece sta abbacchiato[2] con me e con quello dello scasso, che io vado da lui e lui mi dà un pezzo vecchio tutto lucidato e in una carta nuova.

A proposito di scasso vorrei dire un'altra cosa che non c'entra col tema. Professore, lo sapete che fa lo scasso di don Pascale? Vanno certi uomini suoi con un camion travestito da carro-attrezzo, si prendono le macchine nuove e se le portano allo scasso, dove l'ammaccano e le schiacciono, le fanno pezzi pezzi, e poi vendono le gomme, le batterie, il volante, i fari, eccetera.

Il mio lavoro mi piace non c'è male. Però certe volte quando si fermano i carabbinieri il masto mi fa nascondere perché sono minorenne[3] e non potrei faticare.

Io, delle trentamila lire che ho, quindici le dò in casa e quindici me le piglio per me. Vado al bar a giocare a flipper, vado al cinema, faccio le scommesse al pallone. Se resta qualcosa me le astipo[4] per la partita.

---

[2] È d'accordo.
[3] Cioè minore di quattordici anni, età consentita per il lavoro.
[4] Conservo.

Il maestro ti ha parlato dei problemi del Nord e del Sud. Sapresti parlarne?

Io posso parlare molto bene dei problemi del Nord e del Sud, perché mio padre non è napoletano, ma viene da Ferrara, che è una città del Nord, e ci ha raccontato tutto del suo paese. Veramente lui non nacque a Ferrara ma a Milano, poi per ragioni di lavoro lo mandarono a Ferrara, poi per altre ragioni di lavoro lo mandarono a Arzano.

I primi problemi del Nord sono questi: a Ferrara, come girigiri, ti trovi sempre davanti al Castello; lui invece a Milano le strade erano immense. Poi non ne parliamo quando è venuto a Arzano! Stava sempre nervoso, perché come girigiri, a Arzano non trovi neanche il castello!

Al Nord però il più grande problema non è il Castello, ma il maltempo. Al Nord il maltempo è sempre cattivo, piove e nevica sempre, le persone si svegliano umide. Al Nord c'è una nebbia terribile e ci sono i tamponamenti uno appresso all'altro. La gente per il maltempo vorrebbe scendersene tutta a Napoli, ma il trasferimento è difficile.

Il Nord non ha altri problemi: mio padre dice che la gente è ricca, educata e civile, e che le automobile si fermano al rosso e gli autobus non sono mai affollati. A lui gli sembrano mille anni che se ne torna, ma ormai non c'è più niente da fare, qui deve restare!

Al Nord ci trattano come le bestie. Se uno butta una carta a terra subito dicono che viene da Napoli, senza sapere se viene. Io lo so che viene da Napoli (o da Arzano), ma loro, che ne sanno?

E ora vi parlo dei problemi del Sud.

I problemi del Sud è che sono tutti poveri e c'è molta disoccupazione in giro. Ci sono più disoccupati che non, e molta povertà in giro. I guai sono un po' molti al Sud, e io non li posso scrivere tutti; ora farò solo un piccolo elenco di guai:

1° Miseria
2° Disoccupazione
3° Manca l'acqua
4° Strade rotte
5° Camorra
6° Terremoto
7° Inquinamento (ma più al Nord)
8° Droga (ma pure al Nord)
9° Miseria
10° Autobus che non passano
11° Delinquenti

12° Non c'è posto per parcheggiare le auto
13° Troppe salite
14° Dialetto
15° Le scuole non funzionano
16° Le scuole non hanno banchi
17° Le scuole non hanno armadietti
18° In una casa che conosco dormono tre in un letto
19° Sporcizia
20° Altri guai.

Fine

Parla del tuo maestro

Il mio maestro si chiama Marcello D'Orta, ed è mio dalla prima classe, quando andavo all'asilo non era mio.

Io gli voglio molto bene, perché lui è bravo e ci impara un sacco di cose. Lui è *costretto* a picchiarci, perché noi non lo ubbidiamo. Lui ha l'apparente età di trentanni, però è un po più vecchio di cinque. Porta la barba e gli occhiali. Porta i capelli un po castani e un po biondi. Porta gli occhi celesti e verdi. D'estate viene abbronzato, d'inverno no. Lui è un po alto e un po basso, gioca con noi ed è costretto a picchiarci.

Lui non va molto daccordo con le altre maestre, perché le altre maestre gridano sempre e si sparano le pose e più vecchie sono più si sparano le pose, e fumano sempre nei corridoi, e non sanno niente.

Il mio maestro ci ha spiegato certe cose che «e mò le sanno quelle cose, le altre maestre!».

Il mio maestro è bravissimo a fare i disegni, e tutti vengono da lui, però non sa fare i lavoretti di Natale e della festa della mamma, e le mamme arricciano il naso.

Lui non vuole mai nessun regalo alla fine dell'anno, però noi glielo facciamo lo stesso. Io quest'anno gli porterò un regalo che pagherò 10.000 lire, e mamma farà a metà con la mamma di Armanduccio.

Se fossi miliardario...

Se fossi miliardario non farei come Berlusconi, che si tiene tutto per sé e non dà niente a nessuno e fa solo i filmi sporchi. Lui ai poveri non li pensa. Lui è miliardario solo per sé e per la sua famiglia, ma per gli altri non lo è. Io se fossi ricco come lui farei il bene, per andare in Paradiso.

Se io fossi miliardario li darei tutti ai poveri, ai ciechi, al Terzo Mondo, ai cani randaggi. A Caivano ci sono un sacco di cani randaggi che li sperdono per le strade. Loro quando vanno in villeggiatura li sperdono, e quelli vanno sotto alle macchine.

Io se fossi miliardario costruirei tutta Napoli nuova e farei i parcheggi. Ai ricchi di Napoli non darei una lira, ma ai poveri tutto, soprattutto ai terremoti. Poi farei uccidere tutta la camorra e salverei i drogati.

Per me mi comprerei una Ferrari Testarossa vera,

una villa e una cameriera per mamma. A papà non lo farei andare più a lavorare ma lo farei stare in penzione a riposarsi, a Nicolino gli comprerei i vestiti e una 126, a Patrizia tutti i dischi di Madonna. Poi comprerei una macchina nuova pure al mio maestro, perché la sua è tutta ammaccata, e infine vorrei andare a Venezia per vedere Venezia. Infine vorrei parlare con Maradona e invitare a casa mia Madonna, per mia sorella Patrizia.

Io tutto questo lo potrò fare, se vincerò il biglietto di Agnano che ha comprato papà.

Quel giorno il dottore venne a visitarmi...

Quando io cado malato è un guaio per tutta la casa, ma anche quando cade malato Peppino è un guaio per tutta la casa. Infatti il medico che ci viene a visitare non è tanto buono, un sacco di volte prende una malattia per un'altra, e mio padre deve chiamare un altro medico che lo deve pagare salato e poi bestemmia.

Quando viene il medico che non ingarra,[1] papà già lo sà che non ingarra, ma tenta lo stesso; dice: «Speramm ca stavota stu strunz capisc coccos...», ma quello un'altra volta non capisce. Lui non dice che non ha capito! Lui dice che ha capito! E mi dà i medicinali; però dopo cinque-sei giorni io stò talequale a prima, oppure ancora peggio, e allora papà chiama al secondo medico.

Il secondo medico si chiama dottor Arnone, e si piglia centomila lire!

[1] Che non l'azzecca.

Papà ha detto che qualche volta di queste sputa in faccia al primo medico!

Il primo medico si chiama dottor Nicolella.[2]

Papà i soldi per il secondo medico non celi avrebbe, e certe volte deve fare i debbiti. Poi si incazza pure quando glieli deve chiedere al fratello e quello dice: «Ma lo dovevi chiamare per forza al dottor Arnone?».

La famiglia di mio padre è tirchia. Fà solo chiacchiere. Uno dice che se lui sarebbe ricco a mio padre gli darebbe un sacco di milioni, perché gli fa pena, un altro dice che se i suoi affari andranno bene, lui a lui ci compra una macchina nuova, perché la nostra è tutta scassata. Però non cacciano una lira neanche se li ammazzano. Papà li schifa.

Quando viene il primo dottore a visitarmi, subbito fà, e non capisce niente. Quando viene il secondo medico tutta la famiglia trema. Giuseppe va a fare la pipì. Lui non dice una parola, mi sembra un morto. Lui mi visita zitto zitto, la famiglia trema e non dice una parola per paura di sgarrare.[3] Lui è altissimo, e quando parla ci fa fare sotto dalla paura. Però indovina sempre la malattia.

Quando sene esce dalla porta mio padre bestemmia la Madonna e rompe tutto.

Io nel letto piango perché è stata colpa mia.

---

[2] Per ovvie ragioni sono stati cambiati i nomi dei due medici.
[3] Per paura di dire sciocchezze.

Vi presento la mia aula scolastica

Ogni anno cambiamo aula e ogni anno la nostra è sempre la più brutta di tutte. Il mio maestro ci ha detto che la colpa è sua, anche se lui non ci può far niente. Lui ci dice tutto a noi, non ha segreti, e ce l'ha detto perché la colpa è sua.

Lui ci ha detto che a inizio d'anno, quando si assegnano le aule, scoppia l'inferno tra i maestri. Ognuno vuole l'aula più bella e più nuova, soprattutto le maestre vecchie. Si bisticciano, litigano, si tirano le secce.[1] Il mio maestro pensa che loro sono tutti barbari, e non trase in mezzo.[2] Allora, quando vedono che lui non dice niente per lui stesso, lo pigliano per fesso (scusate la parola) e gli danno sempre l'aula più fetente.

In prima io ero troppo piccolo, e non mi ricordo

[1] Si lanciano maledizioni, si fanno il malocchio.
[2] Non entra nella discussione.

che ci mancava; in seconda i termosifoni non scalda-
vano e noi ci puzzavamo dal freddo;[3] in terza mi
ricordo che ci spostavano sempre e non trovavamo
pace; in quarta l'armadietto era fracito e uscivano
gli scarrafoni per dentro; in quinta, che è quest'anno, abbiamo le sedioline dei piccolini.

La mia aula è sempre sporca: non spazzano, non
lavano, i cestini rimangono sempre pieni. I bidelli
sono tutti della camorra e non vogliono far niente.
Il direttore li grida e quelli gli bucano le ruote.

Fa bene il mio maestro che se ne vuole andare al
Nord. Io da grande me ne andrò proprio al *Polo*
Nord!

[3] Morivamo di freddo.

Se tu avessi la possibilità di viaggiare, dove vorresti andare?

In America, dove stà Rambo. In America ci sono un sacco di soldi, in America ci è ricchissimi, le strade autostradali, i ponti, le macchine grande, la polizzia grande. Non manca mai l'acqua, le case grattacieli, i soldi.

Rambo li uccide tutti.

Rambo è fortissimo, li uccide ai nemici.

In America ci stà mio zio, ma lui no li vatte[1] ai negri.

Zio quanto partette era un poverommo, dall'America quanto torna torna con la cadillacca bianca, e non centra nel vico. Fa i palazzi a America, li fa.

Io c'andrò purio da lui, a fare i soldi, i dollari.

---

[1] Picchia.

L'acqua è un prezioso dono di Dio.
Parlane...

L'acqua fresca.

L'acqua è un dono di Dio: io lo so che è fresca quando piove, quando scende dal ruscello, dalla fonte, e forma l'acqua. Il mare, i fiumi, i mari, i laghi, le cascate, il Po, sempre acqua sono!

Dall'acqua si ricava la corrente. Le industrie acquatiche la cacciano da dentro all'acqua, e diventa luce, la stufa, il bucchettone,[1] la televisione, la lampadina: ma è sempre acqua.

Se Gesù non mandasse l'acqua, un guaio. Le piante si arrognerebbero, gli alberi mosci, la terra ha sete, gli animali morissero, io morissi.

L'acqua però non serve soltanto per bere l'acqua, serve anche per lavarsi:
1) la faccia
2) i piedi sporchi

[1] La presa di corrente.

3) i capelli
4) tutto il corpo
poi serve anche a fare l'auto-lavaggio alla macchina, per buttare la pasta, per fare la barba, per fare l'idrolitina.

L'acqua è un dono di Dio, ma in Calabria non celhanno, alla stagione.[2]

---

[2] D'estate.

Fai la presentazione di te stesso

Mi chiamo Enzo quarto[1] e sono nato a Napoli, però vivo a Arzano, dove sono nato. Il giorno che
sono nato non me lo ricordo, ma all'incirca. Ho
dieci anni, e vivo a Arzano, via Traversa Santa Giu-
stina 3.

La mia statura, per la mia età, è troppo bassina e
anche un pò grassa. Il mio viso è ovale, ma più di
voi. Il mio colorito è pallido, ma d'estate no. Ho gli
occhi neri, uguali.

Già sò portare il motorino, qualche giorno vengo
sotto scuola a farvelo vedere.

Io sono un pò buono e un pò cattivo. Quando
sono buono sono buono, quando mi prendono i cinque minuti, cattivissimo. Quando mia sorella mi ha

---

[1] Insegnando in una classe in cui ben cinque bambini si chiamano Vincenzo,
ho pensato di distinguerli assegnando loro un numero ordinale, ed elevandoli
così a maestà imperiale.

strappato i libri io gli ho rotto gli occhiali, meno male che mero sbagliato che erano solo quelli di nonna, se no papà mi stroppiava.[2]

A scuola porto la colazione e la dò anche a Mimmuccio che non la porta mai, perché è povero. Io però una cosa la voglio dire: Mimmo, ma tu non te la porti mai la colazione?

[2] Mi ammazzava di botte.

Di tutte le poesie studiate quest'anno, quale ti è piaciuta di più?

Di tutte le poesie studiate quest'anno quella che mi è piaciuta di più è stata La Livella di Totò. In questa poesia Totò dice che i ricchi non tevono fare i buffoni perché sono ricchi, tanto, prima o dopo debbono morire lo stesso. Quando uno è morto, o è ricco o non è ricco, sempre deve morire. I ricchi se sono nobbili fanno i buffoni pure da morti.

In questa poesia Totò dice che lui aveva visto due cadaveri che parlavano nel camposanto. Aumma-aumma[1] s'era nascosto in una fossa è li aveva spiati. Il cadavere numero uno era quello di uno scopatore povero, il cadavere numero due quello di un nobbile ricco. Allora il ricco disse al povero: «Come hai osato farti seppellire vicino amme che tenevo tanti soldi?», e il povero gli diceva che la colpa era stata

[1] Zitto zitto.

della moglie. Però quello lo voleva picchiare lo stesso, ma invece era meglio che picchiava la sua moglie, che aveva fatto il guaio. Allora lo scopatore si arrabbiò è gridava che mò se lui non si stava zitto lo picchiava lui a lui!

Questa poesia c'ha il significato che la morte è uguale per tutti quanti, è che dobbiamo essere tutti fratelli anche se siamo salme.

A Arzano ci sono più poveri che ricchi, ma un ricco io lo conosco. Si chiama dottor Basile,[2] e c'ha un sacco di soldi. La moglie però è povera, e vende le figurine sulla salita. Quando Basile morirà lui si farà costruire una tomba più grande di un grattacielo, mentre alla moglie un solo piano.

Se di notte si incontrano da morti, si bisticceranno come la livella di Totò.

[2] Anche qui sono ricorso a un nome fittizio.

Sei mai stato in un ospedale?
Quali le tue impressioni ed emozioni?

Io non sono mai stato in un ospedale per me, dico per me. Però ci sono stato per un altro, che è mia madre. Mia madre si era sentita male la notte alla pancia d'estate. Allora diceva aiuto, aiuto, ma mio padre non sapeva guidare e nel palazzo non c'era un'anima viva. Allora mio padre andava avanti e indietro per la casa e non sapeva che doveva fare. Allora gli venne l'idea di telefonare a un ospedale di Napoli per far venire l'ambulanza, ma il primo ospedale disse che non cen' erano; allora mio padre telefonò al secondo ospedale e pure quello non cen' erano. E quando lui gridava come un pazzo per la rabbia, quelli dissero chiamate un'ambulanza privata. Gli ospedali di Napoli sono abbacchiati[1] con la Camorra. Lo ha detto Canale 21. Loro fanno

---

[1] In combutta.

finta che non ci sono ambulanze, per far chiamare quelle private, che si prendono i milioni per trasportare uno che sta morendo!

Allora noi non li possiamo cacciare i milioni, e mio padre scese sulla strada e gridava come un pazzo a chi lo sentiva. Uno si affacciò che stava difronte, e disse che non vi preoccupate l'accompagno io. Quello era Mezarecchia il contrabbandiere, ma fu buono lo stesso.

Allora accompagnò a mamma al Caldalelli. Ci stavo pure io. Al Caldalelli tutti quanti andavano piano piano a fare le domande, e mia madre teneva i serpenti nella pancia dal dolore. Allora Mezarecchia disse: «Cià facit o nun cià facit sta maronn e srenga a signor? O aspttat ca mor?».[2]

E gliela fecero.

Però posti non ce n'erano, e la misero nel corridoio con l'ago dentro.

Io poi l'andai a trovare per una settimana. Al Caldalelli è tutto sporco, non lavano, gli scarrafoni sui letti alla notte! Alla notte le infermiere fottono!

Ma la cosa più brutta è una suora, che tutti tremavano quando camminava. Mio padre disse se la incontro in mezzo alla strada la butto sotto con tutto che non so guidare!

Al Caldalelli è meglio morire.

[2] «La fate o non la fate quest'accidente d'iniezione alla signora o aspettate che muoia?»

Dolori e gioie della mia vita

Io mi chiamo Flora Giacchetti e nella mia vita ho avuto molte più gioie che dolori. Prima di tutto, che sono abbastanza ricca, anche se abito a Arzano. Poi mio padre e mia madre sono giovani, che hanno solo trent'anni. Noi ci abbiamo anche una bella macchina, e sarebbe una Fiat Uno. D'estate andiamo sempre a fare la villeggiatura in Calabria. La mia casa è una bella casa, con tanti balconi, anche se affacciano sulla spazzatura. La domenica andiamo in piazza in chiesa e io mi faccio la comunione (però la Prima Comunione già l'ho fatta). Insomma mi posso ritenere una bambina felice, attuale.

La gioia più grande della mia vita quando mio padre fece lo *strike* sul «Mattino» e la sua fotografia con tutta la famiglia e ne venimmo tutti in fotografia sul giornale.

Per dire dei miei dolori devo dire che fu quando

mio fratello partì per fare il soldato. Lui era molto capellone e non se li voleva tagliare i capelli.

Un altro dolore quando finiscono le vacanze d'estate e si torna a scuola. Ma il dolore più grande fu quando faceva Madonna per televisione e proprio allora si guastò la televisione!

Se ci penso mi sento una pazza!

Stai per lasciare la scuola elementare.
Rievoca brevemente le impressioni,
le persone, i fatti più salienti

A me non mi sembra vero che io sto per lasciare la scuola elementare, mi sembra come un sognio. Perché sono entrato piccolo ed esco grande, e quando lascerò la scuola media io uscirò ancora più grande.

Quando andavo alla prima piangevo sempre, perché ero piccolo, ma poi alla quinta non ho pianto più.

Io ho conosciuto tanti amici a scuola e spero di rivederli in prima media, se loro saranno promossi.

Della scuola elementare le cose più belle sono state:

Primo) il mio maestro, che non me lo dimenticherò mai più, anche quando morirà,

Secondo) i miei amici, tranne uno,

Terzo) le gite.

La gita più bella che abbiamo fatto è stata alle Catacombe, che Gennaro non si trovava più e io

pensavo che i morti se l'erano pigliato, e noi ride-
vamo che non ce la facevamo più.

Poi mi ricordo la visita medica che trovò i pidocchi in testa a Rosetta.

Io spero che Nicola diventa un po più secco, altri-
menti scoppia!

Mi ricordo la fotografia della quarta che Antonio
mi mise le corne in testa!

La cosa più brutta della scuola elementare è
quando piove, che le mamme per paura che il figlio
si bagnia corrono cogli ombrelli e ti scamazzano.[1]

Io spero che alla scuola media non mi scamazze-
ranno più...

[1] Ti calpestano.

Il maestro ha spiegato in classe l'«effetto serra». Sapresti riassumere il problema?

Giustino dice che l'effetto serra sta solo sull'Italia, ma non capisce le cose come stanno! L'effetto serra sta su tutto il mondo, e una spece di ombrello che fà rimbalzare i raggi del sole, e la temperatura aumenta. La causa di questa causa è l'inquinamento e la droga. A detto il maestro che se non la finiamo di:
- fumare
- costruire fabbriche
- drogarci
- uccidere

l'effetto serra non se ne andrà più dalla terra, e moriremo tutti entro febbraio.

In Calabria già si puzzano dalla fame,[1] figuriamoci con l'effetto serra!

---

[1] Muoiono di fame.

Parla della circolazione sanguigna

La circolazione sanguigna è una circolazione del sangue.

Il sangue.

Il cuore.

La pompa.

Quando le arterie sono blu il sangue è blu.

C'è anche la trasfusione della circolazione sanguigna.

Se la mamma è incinta dell'ADS, al figlio come nasce gli fanno la trasfusione.

Se il gruppo è 0 è tutto buono, se il gruppo è A, B, C, D, eccetera, allora lo può dare solo a lui.

Il cuore è più importante della testa, perché senza cuore non potrebbe vivere la testa.

Quando abbiamo febbre dobbiamo contare fino a 70, massimo 80. Se contiamo, abbiamo febbre, se no, no.

La siringa antitettonica è quando il chiodo sotto casa mia è verde della ruggine.[1]

La circolazione negli animali non è buona: si devono vaccinare. Però agli animali non viene l'infarto, perché non bevono caffè.

[1] Il concetto, più o meno, è: si fa l'iniezione antitetanica quando ci si graffia con un chiodo arrugginito.

Qual è lo sport che preferisco

A me io lo sport che preferiscolo e il calcio, perche si segnano molti gol, mentre nelo sci e nel cavallo non si segna neanche un gol.

Il calcio e bellissimo. La mia scuadra preferita e il Napoli, che segna molti gol. Gullit deve morire scamazzato.[1] Lanno scorso pero il Napoli a fatto schifo, si e abbacchiato[2] con Perluscone. Perluscone a deto a Ferlaino se perdi lo scudetto e melo dai a me io ti dò a te dieci o venti miliardi di dollari, puoi scegliere. E Ferlaino a scelto venti miliardi. I giocatori che stavano abbacchiati con Ferlaino erano:

Bagni, Giordano, Garella.

Poi Ferlaino li a traditi e li a venduti. Mio frato a detto che se egli-lui incontra a Ferlaino, non fà niente che Ferlaino è amico di Cutolo, lui, a lui gli fà mangiare l'abbonamento, perché mio frato non a paura di nessuno, neppure di Cutolo.

[1] Schiacciato.
[2] Messo d'accordo.

Racconta come si è svolta una partita di calcio
tra la squadra della tua classe
e quella della classe...

Il tiro di Ciruzzo era antato dentro e non fuori, ma l'arbitro era abbacchiato col provessore, e perciò il provessore a vinto la coppa. Noi la nostra classe doveva vincere, ma invece a vinto quela del provessore Esposito, perché lui a lui gli fa i regali a Natale e il mio provessore che è povero non glieli fà. Ma non è giusto.

Poi il provessore Esposito quanto aveva vinto le altre partite sule altre squadre faceva il gallo sulla munnezza,[1] ma se ci stevemo noi la munnezza non erevamo.

Capretto se non pisciava quella palla[2] alla fine noi vinceremmò la coppa, ma il bidello a fatto vincere il provessore Esposito se no lui a lui non glielo faceva più il regalo.

Ma non è giusto. Io mò non sò se devo sgonfiare le ruote al bidello o al provessore Esposito.

---

[1] Fa il bullo con gli avversari deboli.
[2] Se non lisciava il tiro.

Qual è la stagione che preferisci

La staggione che preferiscio è la staggione.[1] Alla staggione non si và a scuola e non si porta la giustificazione, c'è un sole, un mare, un caldo! Io vaco a Montracone affare la villeggiatura a Montracone. Ce la casa ammare a Montracone. Alla sera ci faciamo la zuppa di cozze e di maruzze[2] e alla mattina andiamo ammare. Il nostro lido si chiama lido varca del mare.

Alla staggione è bello perche non piove mai e le strade sono non c'è male. Io giro con la bicicletta addue fari. Dinto o fricorifero patm[3] mette il vestito per uscire quanto deve uscire che se lo sente più fresco.

L'unica cosa brutta della staggione è che non c'è Natale.

[1] L'estate.
[2] Lumache.
[3] Mio padre.

Parla dei dodici mesi dell'anno

I dodici mesi dell'anno sono: Gennaio, Febbraio, Marzo, Aprile, Maggio, Giugno, Luglio, Agosto, Settembre, Ottobre, Novembre e Dicembre.

Gennaio, Febbraio, Marzo (ma non tutto) e Dicembre, sono mesi invernali; Marzo (ma non tutto), Aprile, Maggio e Giugno (ma non tutto) sono mesi primaverili; Giugno (ma non tutto), Luglio, Agosto e Settembre (ma non tutto), sono mesi estivi; Settembre (ma non tutto), Ottobre, Novembre e Dicembre (ma non tutto), sono mesi autunnali.

Gennaio è il mese che preferisco, perché oltre che viene la befana, viene anche il mio nome e il mio compleanno; Febbraio lo preferisco perché viene Carnevale; Marzo lo preferisco perché viene la primavera; Aprile lo preferisco perché viene Pasqua; Maggio, niente; Giugno lo preferisco perché viene l'estate; Luglio lo preferisco perché vado

in villeggiatura; Agosto, niente; Settembre lo preferisco perché incomincia il campionato di calcio;
Dicembre lo preferisco perché viene Natale.

A Gennaio fa freddo, a Febbraio freddo, a Marzo
è pazzo, a Aprile fa caldo, a Maggio caldo, a Giugno caldo, a Luglio caldissimo, a Agosto caldissimo, a Settembre fresco, a Ottobre fresco, a
Novembre fresco, a Dicembre freddo.

Vorrei dire tante altre cose sui mesi, ma più di
cuesto non so.

Perché, secondo te, alle soglie del Duemila ci sono ancora tante guerre?

Alle soglie del Duemila ci sono ancora tante guerre perché è il diavolo, è lui che le fa scatenare. Lui entra nella testa dei capi del mondo e gli dice: «Scatena subito una guerra!» e se il capo gli dice: «Ma io mmommò[1] ne ho finita una», il diavolo gli dice: «E che me ne importa! Tu scatenana un'altra».

Così, essento che i diavoli sono tanti, ognuno va a parlare nell'orecchio di un capo, e scoppia la guerra montiale.

L'uomo più cattivo della storia è stato Itler, più cattivo di Nerone e di Martin Lutero, perché per colpa del diavolo ha ucciso cento milioni di ebrei, e li ha trasformati in saponette, candele e dopobarba.

Or ora che sto scrivendo, proprio or ora, il diavolo sta preparando la terza guerra montiale, perché lui non si stanca mai di fare il male!

[1] Adesso.

Spiega il significato di questa frase di Gesù:
«È più facile che un cammello
passi per la cruna di un ago
che un ricco entri nel regno dei cieli»

A Arzano meno male che siamo tutti poveri.

A Arzano non c'è nessuno che chiede la limosina perché sa che nessuno gliela può dare.

Però un ricco c'è: è il sindaco di Arzano, che ha la Mercedes, la Testarossa e una bicicletta. A lui, il cammello entra!!

Questa frase di Gesù significa che i ricchi sono egoisti e i poveri no. Io conosco (ma no a Arzano, a Napoli) una famiglia che un fratello stà senza casa, e un altro fratello ci ha tre case, e questo fratello che ci ha tre case bestemmia perché ci ha solo tre case e non quattro, mentre l'altro fratello prega alla Madonna che ci dà almeno una piccola casa. Questo fratello che ci ha tre case, tutte le domeniche si fà la comunione, però a quell'altro fratello che non ci ha la casa, non gliene dà neppure una di case. Per questo fratello di tre case, anche per lui il cammello entra!!

I zingari sono ricchissimi, hanno pure la rulott e il cane, ma loro fanno finta di essere poveri, per andare in Paradiso! Loro, al battesimo di Rosetta, sentite che hanno fatto, senti pure tu, Mimmo, che non ci stavi. Loro chiedevano i soldi a zio, che lo avevano visto vestito bene, zio non glieli dava, i zingari zitti zitti gli buttavano le bestemmie. Ma zio aveva sentito, e disse: «E muort e chi té mmuort!».[1]

Una volta a Arzano è passata una Ross-Ross[2] con un ricco dentro: se quello muore, và subbito all'inferno!

---

[1] Letteralmente: «I morti di chi ti è morto!». Equivale all'incirca al romanesco «Li mortacci tua».
[2] Rolls-Royce.

Parla della tua chiesa parrocchiale

La mia chiesa non era parrocchiale, ma dopo il terremoto è diventata parrocchiale. Il parroco si chiama Don Gaetano Speranzella, ed è molto buono, quando viene il suo onomastico compra le paste per noi. Egli ci vuole molto bene perché noi siamo dela Associazione Cattolica e serviamo un po la messa.

La chiesa si chiama Santa Maria Apparente di Caivano, provincia di Caivano. Ella è molto bella perché sta vicina al cinemo.

Ha molte sedie, molti crocifissi e molte madonne. È un po antica e un po moderna, però dopo il terremoto è più antica.

Don Gaetano ci prepara per il cataclisma[1] e non vuole che ci portiamo le patatine in chiesa. Lui quando ci confessa è bravo, e non si spara le pose.

---

[1] Catechismo.

Il sacrestano pure è bravo, si chiama don Pascale, e suone le campane, una volta mele facette suonare pure a me.

Quando mi farò la prima comunione sono bravo.

A Carnevale ogni scherzo vale...

L'hanno scorso io mi sono vestita da Cenerentola, e pure quest'anno mi vestirò da Cenerentola, perché il vestito è facile, basta che prendi delle pezze.

A Carnevale e belissimo, e ogni scherzo vale. Io i coriandili celi metto nel collo di Maria e ci alzo pura la vesta. Pero anche se a Carnevale ogni scherzo vale, io non butto mai l'ove fracite[1] sulla testa della gente, perche non sono barbara come Giustino.

[1] Le uova marce.

*Arzano di Napoli e Arzano di Francia hanno
stretto un gemellaggio,
e tu hai assistito ai festeggiamenti.
Quali sono le tue considerazioni?*

Io pensavo che al mondo cera una sola Arzano, che era la nostra, e quando o saputo che cene stava una pura in Francia, in un primo momento o pensato che ci volevano copiare, ma poi o detto va bé non fa niente.

Io la mia Arzano la conosco, e so come è fatta, anche se sono nata a Frattamaggiore, però la Arzano di Francia non la conosco, ma penso che è uguale alla nostra, se no che lo facevano a fare il gemellaggio?

Quando i francesi sono venuti a Arzano, tutti li salutavano permezzo alla via, dicevano: ciao, arzani di Francia! Loro sorridevano come noi, muovevano le mani come noi, ma forse non capivano niente.

Io cretevo chi sa come erano fatti i francesi. Sono tali e quali a noi, solo un po più francesi. Io a uno lo fermato. Veramente ci avevo un po di fifa, essendo che erano francesi, ma poi mi sono fatto coraggio.

Allora non sapevo che dirli, ma poi li o detto: Napoleone. Quello rideva come un cavallo, perché aveva capito, e mi a dato pure un bacio.

Il giorno della festa siamo andati tutta la scuola al cinema Metropol-Lucia, vicino addove abbita Enzo, e cerano tutte le mamme e le altre scuole. Non si capiva niente. Mi sembrava un inferno. I francesi stavano in prima fila, poi è venuto anche il sindaco di Arzano. Il sindaco francese quando a parlato parlava bene, anche se non si capiva niente, il sindaco nostro già lo conosciamo e l'abbiamo sbattuto le mani un po di meno.

Il mio maestro a fatto una recita che era la più bella di tutte, e i francesi sbattevano le mani. Nicola a fatto finta di andare in gabbinetto e se ne è fuggito.

L'anno prossimo dobbiamo andare noi da loro.

Parla del tuo vicino di banco

Il mio vicino di banco non è nessuno, sono tutti lontani, perché io essendo che mi comporto malissimo, il provesore mi a meso da solo, per non parlare col vicino di banco. Io però li vedo lo stesso gli altri, Giustino, Mimmo, Pasquale, Flora. Giustino parla più di me però non stà solo, vorei sapere perché? Flora cià i pidocchi intesta e fà bene che non è la mia vicina di banco. Flora, mò è inutile che piangi che o detto cuesto, perche è la verità. Mimmuccio fà sempre filone[1] il venerdì, io lo sò perché, ma non lo posso dire, se no ci vanno tutti quanti. Pasquale è bravo ma non a voce. Antonio quanto viene al catatechismo si porta sembre la marenna[2] e don Peppino lo crida.

Io sò i fatti di tutti quanti, ma non è giusto che stò solo.

[1] Marina la scuola.
[2] Merenda.

*Il telegiornale parla spesso di cronaca nera.
Pensi che sia giusto dare questo tipo
di informazione,
o preferiresti un telegiornale diverso?*

Se devo dire la verità, ma proprio la verità, a me il telegiornale dell'una mi piace, perché non lo vedo in quanto esco da scuola a più dell'una. Invece, il telegiornale della sera, quello lo odio proprio. Quando mio padre si arritira[1] la sera, noi mangiamo davanti alla televisione. Però, come ci sediamo, comincia lui, e cioè il telegiornale. Comincia sempre quando noi cominciamo. Papà è lui che lo accende. Come lo accende il primo guaio, come arriva il primo piatto, il secondo guaio. A tavola mia si mangia coi guai. Poi, se abbiamo finito, e esce la faccia di Gheddafi, papà fa un rutto.

Mio padre, quando vede che esce scritto NAPOLI, dice: «Statevi tutti zitti, vediamo qualaltro guaio è successo». Papà dice che quando fanno vedere Napoli è solo per dirci un guaio, e che

[1] Rientra dal lavoro.

123

quando il Napoli ha vinto lo scudetto, a Torino si sono mangiati il cazzo.

Ci stà uno scemo che presenta il telegiornale che ha la faccia del colera[2] e ride come un cavallo.

A me del telegiornale mi piace solo il calcio, però no quando perde il Napoli.

Io vorrei che il telegiornale non lo farebbero giusto quando noi mangiamo, ma un po' più tardi, così mangiassimo in santa pace!

[2] Ha il viso pieno di foruncoli.

Il Napoli ha vinto lo scudetto. Che cosa suscita nel tuo animo questa vittoria?

Veramente io non sono proprio di Napoli, perché sono nata a San Giorgio a Cremano, vicino a Napoli. Si prende prima la tangenziale, poi l'autostrada per San Giorgio a Cremano, e si esce a San Giorgio a Cremano.

Mio padre però era di Napoli, uscita Capodichino. Mia madre di via Duomo. Poi siamo venuti a Arzano.

Io sono stata felicissima che il Napoli ha vinto lo scudetto, perché egli non ce la faceva più. Erano sessantanni che perdeva, e tutte le squadre lo sfottevano. Io mi ritengo una ragazza fortunata, perché quando sono nata, sono passati soltanto nove anni e il Napoli ha vinto lo scudetto, ma mio padre mi ha detto che un suo amico che teneva cinquantanove anni, ha aspettato cinquantanove anni che il Napoli vinceva lo scudetto, e poi è morto, e il Napoli l'anno

dopo ha vinto lo scudetto, e questo è un uomo sfortu-
nato.

Nel mio vico tutti hanno sparato le botte,[1] noi
abbiamo buttato dal balcone le seggie vecchie e
abbiamo fatto fuggire dalla gabbia il pappavallo che
stava morendo, per dargli la libertà prima di morire.

Se il pappavallo non morirà, a lui lo scudetto del
Napoli gli ha dato la libertà.

[1] I botti, i petardi.

È giusto, secondo te, disprezzare i negri, e quanti altri non sono come noi?

Ora io già lo so che tutti diranno che non è giusto, ma io invece dico che è giusto. Infatti io credo che gli uomini non sono tutti uguali, ci sono i belli, i brutti, gli alti, i bassi, gli intelligenti e i scemi. Così ci sono pure i popoli diversi. Per esempio, io ai tedeschi li schifo e li odio perché fanno scoppiare sempre la guerra, agli inglesi li schifo e li odio perché dicono che sono migliori di tutto il mondo, ai francesi li schifo e li odio perché fanno sempre la guerra del vino con noi. Ai negri io non li schifo e li odio perché non mi hanno fatto niente, però puzzano, e per questo mi fanno un po schifo.

A me mi piace solo l'Italia!!!

La fame nel mondo

La fame nel mondo è assai. Ci sono popoli morti dalla fame. Ci sono le mosche. I coccodrilli. I ragni. La fame. È l'Africa.

Ma l'India neanche scherza.

In Cina se non fai un figlio ti pagano.

La fame nel mondo brulica come i vermi, come i lombrichi. Ci sono popoli ricchissimi, che non sanno neanche dove sta di casa la fame, ma c'è l'India, l'Africa e la Basilicata che lo sanno dove sta di casa, la fame!

Il mondo fa schifo. La terra fa schifo. L'essere umano fa schifo. Il mondo si comporta come il ricco Epulone, e Lazzaro sarebbe l'Africa, e anche un po di Perù. Una volta il Perù era ricchissimo, ora gli fa male la pancia tanto dalla fame.

Il mondo fa schifo, io non ho paura a dirlo, perché sono il capoclasse, e certe cose posso dirle.

E questo tema lo finisco con queste parole:

L'UOMO NON DISCENDE DALLE SCIMMIE, MA DAL VAMPIRO!

*Tra una settimana ricorrerà
la festa della mamma.
Parla in generale delle mamme
e della tua in particolare*

Io lo so come nascono i figli: nascono dalla mamma e non dalla cicogna. La cicogna è una specie di gru, dico gru l'animale, non quella delle costruzioni.

Mimmo si crede ancora che nasciamo dalle cicogne! Lui crede pure alla Befana! Mi fà un ridere, Mimmo!

La mamma è una cosa seria. Essa si sacrifica da quando noi nasciamo. Essa produce il latte per noi. Quando siamo piccoli produce il latte, perché è un mammifero: per ciò si chiama mamma.

Quando diventiamo grandi smette di produrre. Però se nasce un'altro figlio, produce subbito di nuovo.

La mamma si sacrifica fino alla morte per noi. Ci porta a scuola, ci lava, ci veste, ci dà da mangiare, firma la paggella. Una vera mamma soffre, e se non ci sono soldi in casa fà finta di niente.

Se non si può mangiare perché il marito è disoccupato, la mamma fa lei il mestiere.

E ora devo parlare della MIA mamma.

Mia mamma non produce latte.

Essa non si trucca, non và dal barbiere, i capelli se li fà in casa: viene la signora affianco affarglieli.

Qualche volta che le prendono i cinque minuti con mio padre, vince lei.

Io alla festa della mamma non so ancora che la regalerò, forse una sorpresa.

Parla della Rivoluzione francese

La Rivoluzione francese vide che c'era stata la Rivoluzione americana e fece la Rivoluzione francese.

La reggina Maria Antonietta faceva una bella vita, si alzava a mezzogiorno e cinque, faceva colazione col cappuccino e il mottino, poi si lavava la faccia, le unghie, il bidè. Maria Antonietta si comprava i vestiti e i gioielli coi soldi delle tasse dei poveri. Poi faceva la buffona con tutti quanti. Non se ne importava dei figli, non li allattava, non li pettinava, pensava solo a sé. Il ré pure si sparava le pose, si creteva che fosse Dio. A casa sua c'era un lusso, vivevano nel lusso, tutto era d'oro: le sedie ore, i bicchieri ori, le posate ore. Ma il popolo si puzzava di fame e le posate erano solo di plastica.

Allora si scatenò, gli presero i nervi dalla nervatura, e scoppiò la Rivoluzione francese. Si buttarono mazzate. Si colpiva. Uno sputò pure in faccia a un altro. Volavano mazzate. Se c'era Brus Li[1] li faceva volare.

Andarono alla Bastiglia e se la presero, poi inventarono la chigliottina e tagliavano sempre le teste. Il ré si vestì da contadino per fuggire, ma lo presero lo stesso, e lo uccisero. Maria Antonietta faceva la buffona pure sulla chigliottina, diceva io sono più bella della Rivoluzione francese. E l'uccisero.

Poi venne Napoleone.

---

[1] Bruce Lee, il campione cinematografico di karatè.

Fra i tanti episodi della Bibbia, quale ti ha colpito maggiormente?

Gli disse: «Mosè (anzi, Noè) il mondo è molto cattivo, se non costruisci un'acca và a finire che muoiono tutti, e non stà bene. Costruiscila. E dentro ci devi mettere tutto quello che centra dentro. Mettici prima a te, poi a tua moglie e poi ai tuoi figli, falla bene-bene. Quando vi siete sistemati mettici tutti gli animali buoni, i cattivi lasciali apperi.[1] Ora ti dico chi sono gli animali buoni e chi sono quelli cattivi. I buoni sono: tu, tua moglie e i tuoi figli, la vacca, il bue, il toro, la crapa,[2] il leone quando a mangiato, il cavallo, la zebra, il cane, il gatto, la scimmietta, l'elefante, la giraffa, la lacerta,[3] il passerotto, il maiale, tu, tua moglie e i tuoi figli. Gli animali cattivi sono: il serpento, l'avvoltoio, la zoc-

[1] A piedi.
[2] Capra.
[3] Lucertola.

135

cola,[4] la iena, il leone quando non a mangiato, il lupo di montagnia, lo squalo, il cinghiale, il pipistrello nero. Gli altri sceglili tu».

E Noè così fece. Costruì una barca grantissima, ci metteva una colla speciale, l'attaccava forte. Poi fece entrare tutte le bestie, ai buoni diceva prego, entrate, ai cattivi addò iate,[5] e così li divideva. Uno solo restò, che era buono, ma non voleva entrare, ed era l'asino. Allora tutta la famiglia lo tirava, lo spingeva, chi per il collo chi per il culo, ma non si muoveva. Era durissimo. Faceva *i-o* dai nervi. Poi alla fine entrò. Giusto giusto che stava venendo un po' di Diluvio.

[4] Topo di fogna.
[5] «Dove andate?»

In questi giorni la televisione sta riproponendo lo sceneggiato «I Promessi Sposi», la cui storia raccontammo l'anno scorso. Sapresti farne un breve riassunto?

Per dire tutta la verità ma proprio tutta la verità, tutta la storia non mela ricordo, perche da quanto abiamo fatto la scenetta in classe sono passati molto tempo. Però una o due o tre cose mele ricordo.

C'era una volta due promessi sposi che si volevano sposare, perche si volevano bene dal matrimonio. Ma c'era un altro, un cattivo, un maligno, uno scostumato, che si chiamava Tonrodrico. Lui, a Lucia, la voleva proprio, ma proprio dalle intenzioni! Voleva fare le cose della schifezza, non è che la voleva bene. Allora disse a due bravi: «Antate dal prete che non li deve sposare, e se non ci riuscite è meglio che non tornate, ma cercate di tornare».

I bravi andavano, lo incontrarono, il prete come li vedeva tutti spaparanzati, per poco non si faceva addosso. Si fotteva dalla paura. Sene vuole scappare, ma i bravi lo fermarono e gli dicevano non fare il furbo non sposare i promessi sposi, se no ti massacriamo.

Il prete obbedì dalla paura, e quanto lo diceva a Renzo e Lucia, Renzo e Lucia si bisticciarono, gridavàno forte, per poco non si pigliavano a calci. E si lasciarono. Uno, sene andò, un'altra, sene andò dalla monaca di Monza. Poi Tonrodrico vedeva che Lucia era bella e sela voleva prendere. Poi faceva sempre il buffone.

Poi era venuta la Peste, e anche un pò di Colera. Morivano tutti, si inciampava in mezzo ai morti, e chi non era morto era quasi.

Tonridrico fece il giallo in faccia, puzzava dalla peste. Quanto tornò a casa, mentre tornava, già puzzava, feteva, e tutti quanti si nascondevano dietro i banchetti. Ci dicevano iett o sang, ftent![1]

E morì.

A Lucia uno l'aveva rapinata, ma no perché se la voleva baciare, perché celaveva detto Tonrodrico. Lucia tornò, Renzo non la trovava, domandava a tutti i bravi se vedevano Lucia, ma erano tutti morti, il fumo usciva dalle case. Non c'era un'anima viva. Tutti i pani stavano a terra. Poi incontra un prete, vivo, che celo dice. Dice: «Fai presto, senò muore pure Lucia e rimani tu solo, io fra sei o sette minuti muoro purio».

E andò, e l'incontrava, e si sposavano, e cambiarono città. Sene andarono in SPAGNA!

[1] «Butta il sangue, fetente!»

Indice

Follett, Il Codice Rebecca

Freeman, Il vento della vita

Robbins H., Gli eredi

Bevilacqua, La califfa

Follett, L'uomo di Pietroburgo

Taylor Bradford, Una vera donna

Cruz Smith, Gorky Park

Krantz, La figlia di Mistral

García Márquez, Cronaca di una morte annunciata

Suyin, Fin che verrà il mattino

Forsyth, Il giorno dello sciacallo

Follett, Triplo

Follett, La cruna dell'Ago

Robbins H., Goodbye, Janette

Freeman, Non è tempo di lacrime

Kaye, Padiglioni lontani

Robbins H., L'uomo che non sapeva amare

Tacconi, La verità perduta

Sheldon, L'altra faccia di mezzanotte

Fruttero & Lucentini, Il palio delle contrade morte

Conran, Segreti

Smith, Sulla rotta degli squali

Follett, Sulle ali delle aquile

Kaye, Vento dell'Est

Krantz, Princess Daisy

Forsyth, Il quarto protocollo

De Crescenzo, Così parlò Bellavista

Forsyth, L'alternativa del diavolo

Robbins H., Ricordi di un altro giorno

Forsyth, Dossier Odessa

Freeman, Ritratti

Robbins H., I mercanti di sogni

Lapierre - Collins, Il quinto cavaliere

Hailey, Aeroporto

Forsyth, I mastini della guerra

McMurtry, Voglia di tenerezza

Freeman, Illusioni d'amore

Bevilacqua, Il curioso delle donne

West, La Salamandra

Collins L., Fortitude

De Carlo, Due di due
Freeman, Sempre per sempre
García Márquez, Il generale nel suo labirinto
Collins L., Dedalo
Cruz Smith, Los Alamos
Bevilacqua, Una misteriosa felicità
Pilcher, La tigre che dorme
Forsyth, Il negoziatore
Bevilacqua, La grande Giò
De Crescenzo, Vita di Luciano De Crescenzo scritta da lui medesimo
Turow, Presunto innocente
Manfredi, Palladion
Freeman, L'ultima principessa
Alberoni, L'orto del paradiso
Krantz, Fino al prossimo incontro
Ellroy, Dalia nera
Gage, Amore in terra
Clavell, Il Re
Williams T., Il canto di Acchiappacoda
West, I giullari di Dio
Higgins, Il giorno del giudizio
King, L'uomo in fuga
Neville, Il segreto del Millennio
Pilcher, Sotto il segno dei Gemelli
Marshall Thomas, La luna delle renne
Medoff, Figli di un dio minore
Cruz Smith, Stella polare
Higgins, Avviso di tempesta

Bevilacqua, Il viaggio misterioso
Pilcher, La casa vuota
Spillane, L'uomo che uccide
McBain, Un'ombra sulla spiaggia
James P.D., La torre nera
Shelby, A un passo dal paradiso
Tacconi, La Signora di Atlantide
Le Carré, La casa Russia
Ellroy, Il grande nulla
Du Maurier, Mia cugina Rachele
Isaacs, Posizioni compromettenti
Campbell R., La bambola che divorò sua madre
Asimov, Nemesis
James P.D., Una notte di luna per l'ispettore Dalgliesh
Manfredi, L'oracolo
Styron, La scelta di Sophie
James P., Presagi
Elegant, Il Mandarino
Slaughter, Donne in bianco
Bevilacqua, La festa parmigiana
Spencer, Amore senza fine
Korda, Fortune terrene
Coscarelli, Fortunate e famose
Michele di Grecia, Sultana
Isaacs, Quasi un paradiso
Condon, Alibi di famiglia
Katzenbach, Facile da uccidere

McLeay, Finché amore non ci separi

James P.D., Per cause innaturali

Pilcher, I giorni dell'estate

McBain, Tre topolini ciechi

Grisham, Il momento di uccidere

Bevilacqua, Il gioco delle passioni

Le Carré, La talpa

Condon, Il fattore determinante

Grafton, A come alibi

Grafton, B come bugiardo

Bevilacqua, Una scandalosa giovinezza

Ellroy, Los Angeles. Strettamente riservato

Dell'Oro, Asmara addio

James P.D., Copritele il volto

Le Carré, Tutti gli uomini di Smiley

Grafton, C come cadavere

Benni, Bar Sport

Le Carré, Lo specchio delle spie

Fruttero & Lucentini, Enigma in luogo di mare

Crumley, Il caso sbagliato

Turow, L'onere della prova

Krantz, La signora della Casa Grande

McCammon, Baäl

Pilcher, Autoritratto

McBain, Vespri

Forsyth, Il simulatore

De Crescenzo, Elena, Elena, amore mio

Isaacs, Il nome di una donna

Sgorlon, Il guaritore

De Crescenzo, Zio Cardellino

Sgorlon, La conchiglia di Anataj

Bergonzoni, Le balene restino sedute

Cacucci, Puerto Escondido

Pilcher, Settembre

Gallmann, Sognavo l'Africa

Wood, Il tempo dei sogni

James P.D., Un indizio per Cordelia Gray

Cornwell, Oggetti di reato

Ellroy, Le strade dell'innocenza

Grisham, Il rapporto Pelican

Porter, L'affare Moonlight

Ferrini, L'ultimo comunista

Grafton, D come delitto

Gould, Mai troppo ricchi

Fowles, La donna del tenente francese

Tan, La moglie del dio dei fuochi

Follett, Notte sull'acqua

Condon, I corrotti

Grimaldi, Il sospetto

Konsalik, Il padiglione di giada

Ellroy, Perché la notte

Pompas - Biagi, La notte del destino

Bevilacqua, Umana avventura

Collins J., Amore odio e desiderio

Pilcher, Neve d'aprile

Isaacs, Ora magica

Simmons, Hyperion

Coscarelli, Carriere

Le Carré, Il visitatore segreto

Sclavi, Sogni di sangue

Gunn, Pista cieca

Kellerman, Trauma

Loy, L'estate di Letuqué

Christie, Assassinio sull'Orient-Express

Asimov, Viaggio allucinante

Brooks, La spada di Shannara

James P.D., Una mente per uccidere

McBain, Vedove

Levin, Rosemary's Baby

Castellaneta, Villa di delizia

Abbey - Asprin, Cat Woman

Gage, Nuovi tabù

Sclavi, Tre

Brooks, Le pietre magiche di Shannara

Leonard, Il Corvo

Harris R., Fatherland

Shelby, Oasi di sogni

Ferrigno, Il giorno degli angeli

Muhsen, Vendute!

Sgorlon, La foiba grande

Brooks, L'unicorno nero

Daeninckx, A futura memoria

Markham, A occidente con la notte

Salvalaggio, Piumino da cipria

Forsythe Hailey, Una casa troppo grande

Devon, Io ti voglio

Dorris - Edrich, La corona dei Caraibi

Tacconi, Masada

Cardella, Volevo i pantaloni

Brooks, Il magico regno di Landover

Du Maurier, La prima moglie (Rebecca)

Hyde, La volpe rossa

Charrière, Papillon

MacDonald, Il promontorio della paura

Brooks, La canzone di Shannara

Zecchi, Estasi

Levin, Un bacio prima di morire

James P.D., Sangue innocente

Korda, Sipario

Pilcher, Fiori nella pioggia

Jones, La corona del destino

Pilcher, Voci d'estate

Condon, La Pietra Rossa

Gage, La sfida di Francie

García Márquez, Dodici racconti raminghi

Ellroy, La collina dei suicidi

Sgorlon, Racconti della Terra di Canaan

Grisham, Il socio

Brooks, La regina degli Elfi di Shannara

Petacco, I ragazzi del '44

Heaven, La stirpe degli Astrov

Hoving, Il palazzo in fondo al tempo

«Io speriamo che me la cavo»
a cura di Marcello D'Orta
Oscar Bestsellers
Arnoldo Mondadori Editore

Questo volume è stato stampato
presso Arnoldo Mondadori Editore S.p.A.
Stabilimento Nuova Stampa – Cles (TN)
Stampato in Italia – Printed in Italy

N⁰ 17658